读客文化

陆小凤传奇 7

剑神一笑

古 龙 著

文汇出版社

《剑神一笑》序

剑与剑神

剑,是一种武器,也是十八般兵器之一。可是,它和其他任何一种武器都不一样,我们甚至可以说,它的地位和其他任何一种武器,都有一段很大的距离。

武器最大的功用只不过是杀人攻敌而已。剑却是一种身份和尊荣的象征,帝王将相贵族名士们,都常常把剑当作一种华丽的装饰。

这一点已经可以说明剑在人们心目中的特殊地位。

更特殊的一点是,剑和儒和诗和文学也都有极密切的关系。

李白就是佩剑的。

他是诗仙,也是剑侠。他的剑显然不如诗,所以他仅以诗传,而不以剑名。

在中国古代,第一位以剑术留名的人,恰巧也姓李。大李将军的剑术,不但令和他同一时代的人目眩神迷,叹为观止,也令后代的人对他的剑法产生出无穷幻想。

可是真正第一个把"剑"和"神"这两个字连在一起说的人,却是草圣张旭。

张旭也是唐时人，在李肇的《国史补》中有一段记载。

> 旭言：始吾闻公主与担夫争路，而得笔法之意；后见公孙氏舞剑器而得其神。

有人说剑器并不是一种剑，而是一种舞。也有人说剑器是一种系彩带的短剑，是晋唐时，女子用来作舞器的。可是也有人说它是一种武器。

关于这些，金庸先生和我在书信中讨论过，连博学多闻如金庸先生，也不能做一个确切的结论。远在晋唐间，这一类的事，如今大都已不可考，各家有各家之说，其说谁也不可定。

我们只能说，如果剑器也是剑的一种，那么，公孙大娘无疑是被人称作"剑神"的第一人。

这或者也就是"剑神"这两个字的由来。

剑神与剑仙

能够被人称为剑神的人，除了他的剑术已经出神入化之外，还要有一些必要的条件。

那就是他的人格和人品。

因为剑在武器中的地位是独特而超然的，是不同于凡俗的。所以，一个人如果能被人称为剑神，那么他的人品和人格也一定要高出大多数人很多。

能够达到这种条件的人就当然不会多了，每隔三五百年，也不过只有三五人而已。

就算在被别人视为最荒诞不经的武侠小说中,这种人都不太多。在比较严谨一点的作品里,这种人更少之又少。

因为"剑神"是和"剑仙"不同的,在武侠小说中剑仙就比较多得多了。

尤其是在当年"还珠楼主""平江不肖生",甚至在"朱贞木"的武侠小说中,都时常会有很多剑仙出现,都能以气御剑,御剑杀人于千里之外。

只不过他们都不是剑神。

因为他们都缺少一股气,一股傲气。

我总觉得要作为一位剑神,这股傲气是绝对不可缺少的,就凭着这股傲气,他们甚至可以把自己的生命视如草芥。

因为他们早已把自己的生命奉献给他们所热爱的道。

他们的道就是剑。

他们既不求仙也不求佛,人世间的成败名利,更不值他们一顾,更不值他们一笑。

他们要的只是他们那一剑挥出时的尊荣与荣耀,在他们来说那一瞬间就已是永恒。

为了达到这一瞬间的巅峰,他们甚至可以不惜牺牲一切。

在武侠小说的世界中,有几个人够资格被称为剑神?

我不敢妄自菲薄,我总认为西门吹雪可以算是其中的一个。

剑神之笑

西门吹雪也是一个有血有肉有泪有笑的人，也有人的各种情感，只不过他从来不把这种情感表达出来而已。

他可以单骑远赴千里之外，去和一个绝顶的高手，争生死于瞬息之间，只不过是为了要替一个他素不相识的人去复仇伸冤。

可是如果他认为这件事不值得去做，就算是他在这个世界上唯一的朋友——陆小凤去求他，他也不去。

他甚至还有一点幽默感。

有一次，他心里明明愿意去替陆小凤做一件事，可是他偏偏还要陆小凤先剃掉那两条不像胡子却像眉毛的胡子。

总而言之，这个人是绝对令人无法揣度，也无法思议的。

这个人的剑平生从未败过。

要练成这种不败的剑法，当然要经过别人所无法想像的艰苦锻炼。要养成这种孤高的品格，当然也要经过一段别人所无法想像的艰苦历程。

往事的辛酸血泪困苦艰难，他从未向别人提起过，别人当然也不会知道。

可是每个人都知道一件事，西门吹雪从来不笑。

从来也没有人看过他的一笑。

一个有血肉有情感的人，怎么会从来不笑？难道他真的从来没有笑过？

我不相信。

至少我就知道他曾经笑过一次,在一件非常奇妙的事件中,一种非常特殊的情况下,他就曾经笑过一次。

我一直希望能够把这次奇妙的事件写出来,因为我相信无论任何人看到这件事之后,也都会像西门吹雪一样,忍不住要笑一笑。

能够让大家都笑一笑,大概就是我写作的两大目的之一了。

赚钱当然是我另外的一大目的。

古龙
一九七〇年五月二日深夜凌晨间,有酒无剑。

目　录

001 / 第一章　刺痛手指的黄土

004 / 第二章　一个穷得要死的人

010 / 第三章　王大眼的杂货店

042 / 第四章　大户人家里的杀手

051 / 第五章　棉花七两　面具一张

064 / 第六章　冒牌大盗的亡命窝

073 / 第七章　九天仙子下凡尘

090 / 第八章　玉佩会不会跑

114 / 第九章　好快的刀

124 / 第十章　打破金鱼缸

132 / 第十一章　巴山夜雨话神剑

142 / 第十二章　超级杀手云峰见

151 / 第十三章　大鼓与绣花鞋

161 / 第十四章　小姐与大偷

171 / 第十五章　角落里的神秘夫妻

181 / 第十六章　司空摘星摘下了一颗什么星

190 / 第十七章　帐篷里的洗澡水

213 / 第十八章　宴无好宴

220 / 第十九章　小老太婆的神秘笑容

232 / 第二十章　微笑的剑神

第一章

刺痛手指的黄土

01

一片黄土。晴有日,日将落。

陆小凤在落日下走上了这一片黄土。晚霞起,土色红,红如血。

鲜血也已干涸凝结如黄土。

陆小凤,用他天下闻名的两根手指,撮起了一撮黄土。他这双也不知道曾经拗断过多少武林名侠刀剑的手指,竟忽然觉得有些刺痛。

因为,他知道土中有他朋友的血。

02

陆小凤和"一剑乘风"柳如钢最后一次喝酒的时候,已经是在七个月以前了。

柳如钢在酒已微醉时,忽然又倒了两大碗酒,一定要陆小凤跟他干杯。

他是有理由的。

"今宵酒醉,从此一别,我们很可能要有三五个月不会见面了。"他说,"也很有可能从此不复再见。"

"为什么?"陆小凤急着问。

"因为我明天一早,就要到一个花不香鸟不语鸡不飞狗不跳兔子不拉屎的地方去。"

"去干什么?"

柳乘风笑了笑:"你知道我是干什么的,你当然也应该知道我要去干什么。"

柳乘风是"巴山"的第一嫡传掌门弟子,他的"七七四十九手回风舞柳剑"在江湖中的地位,也许不能排名第一,可是也不会在五名之外。

这种剑法是绝对要轻功来配合的。

他的剑法和轻功都同样受到武林中人的佩服和尊敬。

可是别人最佩服他的,并不是他的武功,而是他的人格。

古往今来,也不知有多少人,用过多少名词形容过"柳"。有人说柳如丝,有人说柳如雪。不管是如丝如雪,在一般人心目中,柳总是柔的。

我们的这位柳先生,当然也有如丝如雪的一面。

他的思虑密如丝,他的怒气如雪,在眨眼间就会融化。

可是他的性格却烈如钢。

陆小凤当然知道,他是个什么样的人。

"你要去做的,一定是一件极危险的事,所以才会说这种话。"

柳如钢不说话,不说话通常就是默认。

陆小凤问:"你能不能告诉我,你要去做的这一件是什么事?"

柳先生还是不说。

在这种情况下，不说话的意思，就会变成是他根本不愿陆小凤知道，他要去做的是件什么样的事。

那么这件事无疑是一个极机密的秘密。

陆小凤无疑可以算是他最好的朋友，如果他在陆小凤面前都不肯说出来，那么他也不会在其他任何人面前说出来的。

所以，陆小凤也不再问。

陆小凤只问："你要去的那个连兔子都不拉屎的地方，究竟是什么地方？"

柳乘风沉默了很久才说："那个地方我说出来你也不会知道，不过我还是可以告诉你。"他说，"那是个远在西北边陲的小镇，镇名叫作黄石，黄金的黄，石头的石。"

03

从此一别后，柳乘风就人影不见，七八个月来一直不见人影。

没有人知道他到什么地方去了，只有陆小凤知道，因为他一直把陆小凤当作他可以共秘密、共患难的朋友。

可是陆小凤也不知道，他在那个小镇上出了什么事？为什么会忽然失踪？

陆小凤是个够义气的朋友，也是个喜欢管闲事的人，遇到了这种事，你说他会怎么办？

他当然也要追到那个小镇去。

第二章

一个穷得要死的人

01

高原、黄土、风沙。

黄石镇就在这一片风沙中,一片高原上。高原上滚滚的黄土,远远看过去就好像一卷卷金沙。

在这个小镇上,一直流传着一种传说。

——在这里附近的某一个地方,埋藏着一宗巨大的宝藏。这个宝藏里什么都没有,只有黄金,数量连估计都无法估计的黄金。

遗憾的是,没有人能找到,也没有人能看到这些黄金,只看见了永远在风中滚滚流动不息的黄沙。

黄金是每个人的梦想,无边无际的黄沙却宛如噩梦。黄金的梦灭了,寻金的人走了。来去之间,小镇渐渐沉没,至今已荒凉,已经很少再有陌生的行旅来到。

小镇上的住户,已经只剩下一些没有别的地方可去的人家,已经准备老死在此间。他们看见了一位陌生的远来客,总是觉得好高兴好兴奋。

陆小凤来到这里的时候,他们对他的态度就是这样子的。

02

但陆小凤走入这个小镇时，并没有看到这种热情和兴奋。他第一眼看见的，只不过是一条贫穷的街道和一个穷得要死的人。

其实这个人还不能算是一个人，只不过是一个半大不小的孩子。穿一身已经不能算衣服的破衣服，用一种懒得要命的姿势，坐在街角的一家屋檐下。

其实他也不能算是坐在那里，他是缩在那里，像是一条小毛虫一样缩在那里，又好像一个小乌龟缩在壳子里一样。他没有钱，没有亲人，没有朋友也没有前途。他什么都没有。

他怕。

什么他都怕，所以他只有缩着。缩成一团，缩在自己的壳子里，来躲避他最怕的贫穷、饥饿、轻蔑和打击。

因为他是个孩子，所以他不知道他所害怕的这些事，无论缩在一个什么样的壳子里，都躲避不了的。

可是他看到陆小凤的时候，他眼睛忽然亮了，他这双发亮的眼睛，居然是一双很可爱的大眼睛。

这双眼睛看到陆小凤的时候，简直就好像一条饿狗看见一堆狗屎，一个王八看见一颗绿豆一样。

幸好陆小凤既不是绿豆，也不是狗屎。陆小凤走到他面前来，只不过想问他一件事而已。

一个人来到一个陌生的地方，而且打算在这个地方逗留一段日子，他第一件想问的事情，当然是想问这个地方的客栈在哪里，先解决他最基本的食宿问题。

"客栈？"这个小孩笑得连鼻子都皱了起来，"你要问客栈在哪里？这里穷得连兔子都不会来拉屎，穷得连苍蝇和老鼠都快要饿死了，怎么会有客栈？"

"这里连一家客栈都没有？"

"连半家都没有。"

"那么，从这里路过的人，晚上要投宿的时候要怎么办？"

"不怎么办。"小叫花说，"因为根本就没有人愿意从这里路过。就算多走几十里路，也没有人愿意从这条路上走。"

陆小凤盯着这个看起来又肮脏又讨厌又懒又多嘴的小叫花看了半天，忍不住问："这个地方真的这么穷？"

小叫花叹了口气："不但穷，而且简直要把人都穷死。不但我要穷死了，别的人就算还没有穷死，最少也已经穷得半死不活。"

"可是你好像还没有死。"陆小凤说。

"那只不过我还有一点本事可以活下去。"

"什么本事？"

"我是个小叫花，是个小要饭的。像我这种人虽然穷，可是无论在什么地方都可以活下去的。"

陆小凤笑了。

"我记得你刚刚好像说过这地方的人自己都好像穷得快要死了，哪里还有什么闲钱剩饭可以接济你？"

小叫花也笑了。

"大少爷，看起来你真的是位大少爷。小叫花的事，你当然不会懂的。"

"哦？"

"像我这么样一个小叫花，在这么样一个穷得几乎快要被别人杀掉煮成人肉汤的地方，我居然还能够活下去，我当然还另有副业。"

"副业?"陆小凤问,"什么副业?"

"要讲起这一类的事,可就是件很大的学问了。"小叫花忽然挺起了胸坐起来,"在这一方面,我可真可以算是个专家。"

陆小凤对这个小叫花,好像愈来愈感兴趣了。

小叫花又说:"老实告诉你,我的副业还不止一种哩。只可惜在我七八十种副业中,真正能够赚钱的只有两种。"

"哪两种?"

"第一种,最赚钱的就是碰上你们这种从外地来的冤大头。"他指着陆小凤说,"像你们这种冤大头的钱不赚也白不赚,赚了也是白赚。"

陆小凤苦笑:"你说的真他妈的对极了,我现在简直好像渐渐有一点快要佩服你了。"

他又问这个小叫花:"可是如果没有我这样的冤大头来的时候,你怎么办呢?"

"那只有靠我第二种副业了。"小叫花说,"我第二种副业就是偷,有机会就偷,见钱就偷,六亲不认,能偷多少就偷多少,偷光为止。"

这就是这个小叫花生存的原则。

可是陆小凤对他并没有一点轻视的意思,也没有想要把一个大巴掌掴到他的脸上去,反而心里觉得有一种深沉的悲哀。

——这个世界上岂非有很多很有面子的人,生存的原则和这个不要脸的小叫花一样。

03

　　这个小镇实在很贫穷，陆小凤走遍天涯，还从没有看到过比这里更贫穷荒瘠的地方。

　　他实在不能了解一个像柳乘风那样的人，为什么会到这种地方来？

　　他更不能了解，一个像这样的地方，会发生什么值得让柳乘风不远千里而来的事，而且是一件能够让柳乘风觉得有生死危险的事。

　　一个无名的小镇，一位负天下盛名的剑侠，本来根本不可能连在一起的。

　　奇怪的是，他们之间，却偏偏好像有一种神秘而诡异的关系。

　　更奇怪的是，柳乘风居然真的就好像从这个世界上消失了。

　　所以陆小凤决心要查出这个小镇和他这个好朋友之间的关系来。

　　只可惜，至今为止，他只看见了这么样一个又可悲又可怜，却好像有一点可爱的小叫花。

　　陆小凤走过很多地方，走遍了天涯海角，走过大大小小、各式各样不同的城市乡村镇墟。

　　无论什么地方，都至少有一家杂货店。就算没有客栈没有妓院没有绸缎庄没有点心铺没有骡马行没有粮食号，可是最少总有一家杂货店。

　　因为杂货店总是供应人们最基本需要的所在。

　　陆小凤这一生中，也不知道看过多少奇奇怪怪的杂货店了。有些杂货店甚至可以供应人们一些最特别的要求。

　　可是陆小凤从来也没有见过像这家杂货店，这么奇怪的一家杂货店。

这家杂货店当然就在这个小镇上,这家杂货店的名字居然叫作"大眼"。当然就是那个像小乌龟一样的小叫花带他来的。

一块已经被风沙油烟熏染得好像已经变成了一块墓碑一样的木头上,只刻着一只大眼睛,就是这家杂货店的招牌。

"大眼,大眼杂货店。"陆小凤摇头,"这家店的字号真奇怪。"

"一点都不奇怪。"小叫花说,"店主的名字叫王大眼,店名当然也就顺理成章地叫大眼。"

陆小凤听到这句话的时候,根本不能明了这句话的意思。

事实上,没有见到过王大眼的人,谁也不能够完全明了这句话的意思。

因为像王大眼这样的人,是很少有人能见到的。

第三章

王大眼的杂货店

01

每当黄昏前后，王大眼杂货店里的人总是很多，因为这里不但卖各式各样的日常用品、南北杂货，也卖卤菜，卖点酒。在外面用草席搭成的一个凉棚下，还摆着三张方木桌，七八条长板凳。大家坐下来，左手拿着半个鸭头、一块豆腐干，右手端着大半碗老酒，天南地北、胡说八道地这样一聊，本来不好过的日子，也就这么样糊里糊涂开开心心地过去了。

这大概就是这个小镇上唯一的娱乐了。

王大眼总是像一个最殷勤客气的主人一样，总是嘻嘻哈哈地周旋在这些人之间。

他们不但是他的老主顾，也已经成了他的老朋友。

可是第一眼看到他，不被他吓一跳的人，大概还不多。

王大眼又高又大又粗又肥，而且是个驼子。他左边的那只眼睛，看起来和平常人也没有什么太大的不同，可是他右边的那只眼睛，却像是一个突出在眼眶外的鸡蛋。

后来有人问陆小凤："你第一眼看到他的时候，有什么感觉？"

陆小凤对他的感觉是："那时候，我只觉得这个人之丑，真是丑得天下少有，可是等到他跟你说过半个时辰的话之后，你就会忘记他的丑了。"

然后陆小凤又补充了一句："所以他才会娶到个让大多数男人，一看见就会想带她上床的风骚老婆。"

杂货店的后院里有一间小木屋，本来大概是堆柴的，现在却摆了一张木板床。上面甚至还铺起了一张白床单，最少曾经在某一段日子前是一张真的用白布做的白床单。

就在这张床的床头，还贴了一张红纸。上面写着：

  住宿：单人每夜五十钱。

  每月一吊。

  双人每夜八十钱。

  每月一吊半。

  膳食：每人每日三顿，六十五钱。

  不吃也算。

一直不停地扭动着腰肢的老板娘，把陆小凤带到这里来，眯着眼睛看着陆小凤直笑。

"公子爷，我刚才好像听我们家那个老王八蛋说，你姓陆。"

"对，我姓陆。"

"陆公子，那个要饭的小王八蛋把你带到我们这里来，还真是带对地方了。"

陆小凤忽然笑了，看着床头木板墙上的那一张价目笑了。

"可是我还真以为我来错了地方，看你们这里的价钱，我还以为到了黑店。"

"陆公子，那你就真的错了，这里不但管吃管住，而且什么事都可以把你伺候得好好的，这种价钱也算贵吗？"

陆小凤看着那张随时好像都可以垮下来的木板床上，那张又黄又灰又黑，简直已经分不出是什么颜色的床单苦笑。

"不管怎么样，睡在这么样一张床上，就算要我每天晚上付五十钱，我都觉得有点像是个冤大头。"

老板娘有意无意间，用一根出乎意料之外那么漂亮的纤纤手指，指着红纸上的"双人"两个字，一双媚眼已笑如丝："如果说，我要你付八十钱呢？"

陆小凤看看她的眼，看看她的手，看看她的腰，忽然轻轻地叹了一口气："在那种情况下，就算花八百钱也是值得的。"陆小凤说，"只可惜……"

"只可惜什么？"老板娘追问。

陆小凤不回答也不开口，老板娘盯着他，一双如丝的媚眼，忽然像杏子一样地瞪起来了。

"陆公子，有句话我实在不该问你的，可是心里又实在忍不住想问。"

"那么你就问吧！"

"像我们这里这么样一个破地方，你这样的人物怎么会到这里来？"

"那么通常是什么样的人物才会到这里来？"陆小凤问。

"通常只有两种人。"老板娘说，"一种是财迷，总认为这地方附近，真的有一宗很巨大的宝藏，想到这里来发一笔大财，这种人是我们最欢迎的。因为他们的大财虽然发不到，却总是会让我们发一笔小财。"

她叹了一口气："只可惜，近年来这种人已经愈来愈少了。"

陆小凤又问："那么第二种人呢？"

老板娘盯着他："第二种人，就是已经被人家追得没地方可去的人。被官府追缉，被仇家追杀，追得已经没有路可走了，只好到这里来避一避风头。"

陆小凤也在盯着她："你看我像是哪种人？"

老板娘又叹了口气："我看你呀，两种人你都不像，可是再仔细看看，两种人你又都像。"

陆小凤又把她从头到脚，从脚到头，上上下下看了一遍，一面看，一面摇头，并且还一面在摸着他那两撇像眉毛一样的胡子。

"老板娘，我知道你是很了解男人的，可是这一次你实在把我看错了。"

"哦？"

"不管我是你说的那两种人的其中任何一种，只要我真的是其中的一种，那么现在我就会变成第三种了。"

"第三种？"老板娘问，"你说的这第三种人，是种什么样的人？"

"这第三种人当然也是种罪犯。"

"他们犯的通常是什么罪？"老板娘问。

陆小凤故意不去看她身上脸上的任何其他地方，故意只盯着她两条腿看。

"你猜呢？"陆小凤故意眯起眼睛来问，"你猜他们犯的都是什么罪？"

老板娘的脸居然好像有一点要红起来的样子，甚至还好像有点情不自禁地夹紧了她又长又粗又结实又匀称的两条腿。

"这种人我不喜欢。"她的眼又媚如丝，"我相信你绝不会是这种人。"

大多数男人都知道，有很多女人说出来的话，都和她本来的心意相反。她们说不喜欢的时候，也许就是喜欢，而且喜欢得很。

陆小凤当然不是不了解女人的男人，如果说他不明白一个女人对他表达的意思，他的朋友死也不会相信。

可是现在他却偏偏好像一点都不明白的样子，而且神色忽然变得很严肃起来。

"这种人我也不喜欢，我当然绝不会是这种人。"

"哦？"

"我到这里来，只不过是来找一个朋友。"陆小凤说，"一个财迷朋友。"

"你也有财迷朋友？"老板娘问。

"每个人都想发财，我当然也有财迷朋友，谁不想发财？"陆小凤说，"我有一个朋友，也听说过你们这里附近有关宝藏的传说，要我资助他五百两银子的旅费，想不到他一来之后，就人影不见。"

"你是来找他的？"

"我不但要来找他，也要找回那五百两银子。"陆小凤又在看老板娘的腿，"五百两银子就算睡这样的双人床，也可以睡好几百天了。"

老板娘忽然转过头，头也不回地走了出去，好像连看都懒得再看陆小凤一眼。

陆小凤正想追出去的时候，忽然发现门口有一只大眼睛在看着他。

02

如果不看王大眼的人，只看他对人的礼貌和对人说话的声音，无论谁都会觉得他是一个和气生财的君子。

"陆公子，我知道你要来找的是谁了。"王大眼说，"你要来找的那位朋友，是不是一位姓柳的，柳大侠？"

"你怎么知道的？"

"在你还没有来之前，住在这间屋子里的，就是这位柳大侠。"

"现在他的人呢？"

王大眼那只水晶球一样的大眼中，虽然看不出一点表情，可是另外一只眼睛里，却充满了悲伤惋惜之意。

"柳大侠实在是条好汉子，又大方，又够义气。只可惜你已经来迟了一步。"

"来迟了一步？"陆小凤勉强沉着气问，"难道他已经死了？"

"嗯。"

王老板用一种非常温和有礼的声音说："陆公子，你是个明理的人，你当然应该知道无论谁死了，他的尸体通常总是在棺材里的。"

陆小凤沉默了很久："那么我这次来，大概是看不到他的人了。"

"大概是的。"

"那么我可不可以看看他的尸体和棺材？"

"当然可以。"

"他的棺材在哪里？"

王老板的声音更温和有礼："棺材好像应该在棺材铺里。"

03

棺材铺绝对没有像杂货店那么普遍的,想不到这个荒凉的小镇上,居然也有一家棺材铺。

陆小凤走进这个小镇上唯一的一条长街上时,就看见了这家棺材铺。

棺材铺外面那张又旧又破的大藤椅上,还躺着一个死人。

后来陆小凤才知道这个人非但没有死,而且就是这家棺材铺的老板。也许他替死人收尸收得太多了,所以他看起来倒有七八分像个死人的样子。

他的名字也绝得很。

这家棺材铺就在杂货店的对面,杂货店的老板叫王大眼,他的名字却叫赵瞎子。

他本来一直像一个死人一样坐在那里,他想不到也不敢想会有人来光顾他的生意。这么样一个小地方,活人已经不多了,死人当然也不会多,所以看见陆小凤,他一下子就从椅子上跳了起来。

"这位公子,府上是什么人死了?想要买一口什么样的棺材?"

他的脸上本来也像死人一样,完全没有一丝血色、一点表情,却偏偏想做出一副巴结的笑容来,却又偏偏装不出,这使得他的脸看来更神秘而诡异。

陆小凤只有苦笑。

"我们家最近已经没有什么人可死了。"陆小凤说,"我只不过想来看一个人。"

赵瞎子的脸色沉了下去,人也坐了下去,连声音都变得冷冷淡淡的。

"那么你恐怕来错地方了。"他说,"这里除了我之外,都是死人。"

"那么我就没有找错地方。"陆小凤说,"我要来看的就是死人。"

赵瞎子甚至把那双白多黑少像瞎子一样的眼睛都闭了起来:"只可惜我们这里现在连死人都只剩下一个。"

陆小凤说:"我要看的大概就是他。"

赵瞎子忽然又跳了起来:"你认得柳大爷,你是替他来收尸的?"

陆小凤点头:"是。"

赵瞎子长长地吐出了一口气,就好像刚把一副很重的担子从肩上卸了下来一样。

"我带你去找他。"赵瞎子说,"你跟我来。"

赵瞎子坐在棺材铺外面屋檐下的阴凉处,门里面的一间屋里,摆着两口已经上了油漆的新棺材,还有五六口连漆都没有上。

穿过这间屋子,就是一个堆满了木头的小院,遍地都是钉弯了的铁钉,和刨下来的碎木花,一个特别大的锯子,斜斜地倚在一个很奇怪的大木架子上,这个锯子看起来就好像是一个巨人用的。

锯子旁边还有一口没有做好的棺材。

陆小凤的好奇心又动了,忍不住问赵瞎子:"这么大的一个锯子,一定要很有力气的人才能用吧?"

"大概是吧。"

"这个人呢?我怎么没有看见他?"

"你已经看见他了。"赵瞎子指着自己的鼻子,"这个人就是我。"

他故意轻描淡写地说:"这里卖出的每一口棺材,都是我亲手做出来的。"

陆小凤虽然发现这位棺材铺的老板,整天都像死人一样地坐在那里,脸色也像死人一样地难看,但却是一个很高大的人,虽然有点弯腰驼背,可是站在那里一比,还是要比普通人高出一个头,而且全身的肌肉都好像很有弹力,只有一个经常保持劳动的人才会有的弹力。

你第一眼看见他,也许会觉得他像是个死人,可是看得愈久就愈不像了。

后院里有两排房子,左面的一排三间,右面的一排两间。

左面的一排屋,好像是厨房柴房佣人房一类的地方,右面的一排黑黝黝的房子,连窗户上面贴着的纸都是黑黝黝的。整个两间屋子都好像笼罩在一种黑黝黝的色调下,就算在白天看起来也会给人一种阴森可怖的感觉。

"这里就是我们在发葬之前停灵的地方。"赵瞎子打起了一个火折子,"这里的人死了,在发葬之前,尸体通常都会寄在这两间屋子里,所以我就把这两间屋子叫作鬼屋。"

"鬼屋?"陆小凤问,"哪间屋子里闹鬼?"

赵瞎子苍白的脸在火折子的火光照耀下,看起来已经有点像是鬼了,可是他却摇着头说:"棺材铺里是没有鬼的,棺材铺是照顾死人的。人死了就是鬼,照顾死人就是照顾鬼。我照顾他们,他们怎么会到这里来闹鬼?"

他说的这句话真是合情合理已至于极点了,陆小凤想不承认都不行。

可是陆小凤一走到这两间屋子前面,就觉得有一种阴森森冷飕飕的凉意从背脊上凉了起来,一直凉到脚底。

陆小凤当然不是一个胆小的人。

他的胆子之大，简直已经可以用"胆大包天"这四个字来形容了，甚至连他的仇敌都不能不承认，这个世界上已经没有什么事是陆小凤不敢去做的。

可是陆小凤在赵瞎子的火折子带领下，走进这两间屋子左边的一间时，他自己居然觉得他的脚底心下面好像已经流出了冷汗。

火折子发出来的光，比烛光还要暗淡，这间屋子在这种火光的照耀下，看起来简直就好像是一个坟墓的内部一样。

他走进这间屋子时的感觉，就好像走进一座坟墓里一样。

坟墓里当然有棺材。

这间屋子里有一口棺材，棺材摆在一个用暗紫色砖头砌成的低台上，台前还供着一个简单的灵位，灵牌上只简简单单地写着："故友柳如钢。"

看到了这块灵牌，陆小凤才死了心。无论谁看到这块灵牌，都可以确定柳乘风柳如钢确实已经死了。

奇怪的是，也不知道是因为这里这种阴阴森森惨惨淡淡的气氛，还是因为陆小凤心里某一种奇奇怪怪神神秘秘的感觉，使得他总觉得柳乘风会随时从棺材里跳出来，随时会复活一样。

"请你把棺材的盖子打开来。"

"你说什么？"赵瞎子怪叫，"你要我把棺材打开来啊？你凭什么要我这样做？"

"因为我已经告诉过你，我要看的是一个死人，不是一口棺材。"

04

棺材打开来的时候，陆小凤就看见了柳乘风。

死人的脸跟活人的脸虽然不同，可是陆小凤一眼就看出了这个死人的确就是柳乘风，而且也看出了柳乘风临死前残留在他脸上的那一抹惊慌与恐惧。

"他是不是你要找的那一位朋友？"赵瞎子问。

陆小凤没有说话，因为他已经找出了柳乘风身上致命的伤。

伤口是在他前胸的心口上，是刀伤。一刀致命，干净利落。

陆小凤绝对可以肯定的是这一点。

他看到过的死人太多了，这方面的经验也太多了。对这种情况没有人比他更清楚。

如果他不能确定这一点，还有谁能？

可是他脸上却显出了一种极稀奇极迷惑的表情，而且一直在摇着头，嘴里一直不停在喃喃地说："这是不可能的，这是绝不可能的。"

他甚至把这句话重复说了好几遍，赵瞎子无疑是个很有耐性的人，经常面对死人的人没有耐性怎么行？

所以一直等到陆小凤把这句话反复说了五六遍之后，他才问："什么事不可能？为什么不可能？"

陆小凤没有回答这句话，反而反问："你知不知道死在棺材里的这个人是谁？"

他也不等瞎子回答，就自己回答了这个问题："他就是一剑乘风柳如钢，他的轻功和剑法，就算比不上西门吹雪，也差不了多少了。如果说他会被人迎面一刀刺杀毙命，甚至连还手的余地都没有，那么你就算砍下我的头,我也不会相信。"

可是现在这种情况看起来却无疑是这样子的。

棺材里的尸体已经换上寿衣了,刀口也已经被处理得很干净。这条刀口的长度,大概只有一寸三分左右,杀人者所用的刀,无疑是一把很窄的刀,而且是迎面"刺"进去的,如果是用"斩",刀口就会拖长了。

所以陆小凤才认为这是不可能的事,因为这个世界上还没有任何一个使刀的人,能够一刀刺入柳乘风的心脏,除非这个人是柳乘风很熟的朋友,柳乘风根本就完全没有提防他。

柳乘风在这个小镇上怎么会有朋友?

陆小凤的目光终于从这个刀口上,移到赵瞎子的脸上。

"你知不知道他是死在什么地方的?"

"我当然知道。"赵瞎子回答,"那是条很阴暗的巷子,他死的时候已经过了三更,那时候巷子里已经连一点灯光都看不见了。"

"第一个发现他尸体的人是谁?"

"就是你跟他说过话的那个小叫花。"

"他的尸体是在什么地方被发现的?"

"那时候天还没有完全亮。"

"天还没有亮,那个小叫花怎么会到那条巷子里去?去干什么?"

"那我就不太清楚了。"

"尸体是谁运到这里来的?"

"是我自己抱来的。"赵瞎子说,"柳大侠是个好人,出手又大方,而且一直都把我当作他的朋友。"

他又补充着说:"柳大侠到这里来了虽然并没有多久,却已经交了不少好朋友。"

——只有很熟的朋友,才能在他绝对料想不到的情况之下,将他迎面一刀刺杀。

——这个好朋友是谁呢?

陆小凤在心里叹息着,又问赵瞎子:"你把他抱来的时候,刺杀他的凶刀是不是还在他的心口上?"

"你怎么知道的?"赵瞎子显得很惊讶,"你怎么知道那把刀还在他的身上?"

"刀伤是在第六根和第七根肋骨之间,这两根肋骨距离很近,一刀刺入,刀锋就很难拔出来。"陆小凤说,"凶手在柳乘风一时大意间刺杀了他,心里一定又兴奋又慌乱,而且也不能确定这位负当时盛名的剑客是不是已经真的死在他的刀下,仓猝间拔刀,第一次如果拔不出来,第二次再拔不出来,就不会再试第三次了。"

陆小凤用一种非常冷静的声音说:"这么样一把刀,一定要像你这么样一个棺材铺的老板,在很从容的情况下才能拔得出来的。"

赵瞎子叹了口气:"直到现在我还不知道你究竟是谁?可是我已经知道,你一定是个很了不起的人。"

"事情是不是这样子的?"

"是的。"

"是不是你把刀拔出来的?"

"是我。"赵瞎子说,"是我亲手拔出来的。"

"刀呢?"

"刀?"赵瞎子好像忽然之间就把刚刚说的那些话全都忘记掉了,"什么刀?"

陆小凤笑了。

他当然很了解赵瞎子这种人,更懂得要用什么方法来对付这种人。

对付这种人只要一个字就够了。

——钱。

一锭银子塞进赵瞎子的手里之后,陆小凤再问他眨眼前刚刚才问过的那个问题,赵瞎子的回答就已经和刚才完全不同了。

"刀呢?"

"刀当然已经被我藏起来了。"

"藏在什么地方?"

赵瞎子一张本来好像已经僵硬了的白脸上,终于露出了一丝比较像是笑的表情:"我要藏一样东西,当然是藏在别人找不到的地方。"

棺材下面这个用暗紫色砖头砌成的,像是祭台一样的低台,居然还有几块砖头是活动的。

把这几块活动的砖头抽出来,里面就是一个天生的秘密藏物处了。别人既不知道这个砖台下有可以活动的砖头,也不知道是哪几块砖头,要把藏在里面的东西找出来,当然非常困难。

赵瞎子的手已经伸进台下的暗洞里去了,当他的手缩回来的时候,无疑手上已经多了一把刀。陆小凤实在很想看看这一把能够将柳乘风迎面刺杀的刀,是把什么样的刀?

可是赵瞎子的手却一直没有收回来,就好像洞里有一条毒蛇忽然咬住了他的手。

他本来已经苍白得完全没有血色的脸,现在简直好像已经变成惨碧色。

陆小凤看看他,瞳孔渐渐收缩。

"刀呢?"

这一次赵瞎子的回答居然又变得和第一次的回答完全一样了。

"刀?什么刀?"

陆小凤实在很想一巴掌打过去,再重重地踢上一脚。

但他却想不到赵瞎子已经跪了下来，哀呼着道："我发誓，我本来真的是把刀藏在这里面的，可是现在里面已经变成空的了，刀已经不见了。"

看到他这种样子，陆小凤的巴掌也打不下去，脚也踢不出去了。只有沉住气问："你想想，除了你自己之外，还有谁知道你那柄刀藏在这里面？"

赵瞎子的头本来已经碰在地上，听到了这句话忽然间抬了起来，一双瞎眼也好像有了光。

"我想起来了，有一个人是知道这件事的，只有他一个人不但知道，而且还亲眼看到。"

陆小凤一把将他从地上提了起来，厉声问："这个人是谁？"

赵瞎子喘着气说："他姓……"

赵瞎子没有把这句话说完，他说的第三个字是个开口音，可是他虽然张开了口，却没有声音发出来。

因为他的口刚张开，外面就有二三十道光芒打了进来。

在这一瞬间，以陆小凤的估计，这些寒光最少有二十三道，有三种颜色：一种青，一种紫，一种灿烂如银。

这一次他错了，因为其中还有一种暗器的光芒已经接近透明。透明的就是看不见。

从这间屋子三个窗户外打进来的暗器，也不止二十三种，而是二十四种。

——因为其中一种是透明的。

这二十四种暗器，要打的并不是陆小凤，而是赵瞎子。

幸好它们都没有打中，甚至连那件看不见的暗器都没有打中。

因为赵瞎子已经撞破了屋顶，飞出去了。

他自己当然不会飞出去。

他伏在地下,陆小凤将他一把提起,还提着他的衣襟时,暗器就已射入,在这间不容发的一刹那间陆小凤已经把他用力摔出,把屋顶撞出了一个大洞,从洞中飞了出去。

然后陆小凤也从寒光中穿出了窗户。

在这一瞬间,他身法的变化和速度,几乎已超过了人类体能的极限,也超过了他自己体能的极限。

一个人之所以能够成功,就因为他往往能够凭着一股超人的意志力和求生力,超越他自己体能的极限。

一个在别人眼中认为随时随地都会死的人,之所以能够不死,道理也是一样的。

05

陆小凤蹿到院子里的时候,赵瞎子也刚从屋顶上纷飞的瓦片中冒出了。

一堆木料后,又有一蓬寒光暴射而出,打的还是赵瞎子。

这个人无疑一定要杀赵瞎子灭口。

陆小凤在空中,已顺手抄起一块木板,以左脚尖点右脚面,身子再次借力弹起,手里的木板也迎着那一蓬寒光拍了出去。一连串轻响过后,暗器已钉入木板中。赵瞎子的人已落在屋顶上,又从原来那个洞里跌了下去。

只听见那堆木料后有人在低喝:"好一个陆小凤,好轻功。"

"你是谁?"

陆小凤喝问着,正想往那堆木料后扑过去,想不到对面屋顶上已经有一道刀光,青虹般掠起,凌空一转折,就激箭般向他刺了过来。

这一刀又快又险,一刀就要想把他刺杀于地下,所以这一刀完全没有再留余地。

陆小凤并没有退缩闪避,反而迎着刀光飞身扑上去。

刺客显然吃了一惊,刀光一抖,想在半空中反削陆小凤的咽喉,可是力量已经不够了。

陆小凤忽然伸出食、中二指,一下子就捏住了刀锋,用力往前面一送,一股真力由刀锋传至刀柄,刺客的虎口立刻被震裂。握刀的手刚松开,刀柄已撞在他的胸口上,"咔"的一声,他的肋骨已经被撞断了两根。

这一招正是陆小凤威震江湖、天下无双的绝技。所有的变化只不过是一刹那间的事。

除了陆小凤之外,天下再也没有第二个人能在这间不容发的一瞬间捏住刀锋。

这个刺客从半空中跌倒在地上的时候,喉咙里不由自主发出了仿佛野兽垂死时的叹息。

他的刀已经到了陆小凤手里,刀锋已经到了他的咽喉要害上。

其实他的刀法和轻功无疑也是第一流的,所以陆小凤也说:"想不到这地方也有你这样的高手。"

陆小凤问这个穿一身黑色紧身夜行衣,以黑巾蒙面的刺客:"你是谁?是谁要你来的?你们为什么要灭口杀赵瞎子?"

这个人吃惊地看着陆小凤,惊惶的眼神中,瞳孔已收缩。

陆小凤忽然发现他的瞳孔里仿佛有人影一闪和剑光一闪。

他没有看错。

他的反应也够快,所以他才没有死在这一剑下。因为他已经拧身挥刀。

他的反应虽然这么快,他的衣襟还是已经被寒气森森的剑气所划破。

剑光闪动中,他看见了一个满头白发苍苍的紫衣老妪,却没有看清她的脸。

因为在这一刹那间发生的事,根本不容许他观察思索。

一剑刺下,陆小凤反身挥刀,被撞断肋骨的刺客已就地滚了出去。老妪的剑光再一闪,陆小凤再退,退到那堆木料前,本来似乎已经想好了反击的方法,最少也已经留下了退路。

可是他既没有反击,也没有再闪退。

他的脸色竟忽然变了,因为他忽然发现这个老妪手里用的剑,赫然竟是柳乘风的剑。

这时候,这柄剑的剑锋几乎已经刺入了他的心脏。

现在陆小凤的情况,实在已经退到了无可再退的绝路。心脏无疑是人身上致命的要害,奇怪的是陆小凤后来居然对别人说:"幸好她那一剑刺的是我的心脏,否则我就死定了。"

为什么呢?

因为在那一瞬间,他的右手就在他的心脏附近,所以那时剑锋虽然已经穿透了他胸口前的衣裳,再往前刺半分,陆小凤就完了。

可惜就这一瞬间,这柄剑竟连半分都没有法子再往前刺了,因为这柄剑的剑尖,忽然间一下子就被陆小凤的两根手指捏住。

后来也有人问过他:"我们都知道你的那两根手指,就好像有神鬼的符咒附着一样,甚至好像已经和你的心意可以完全相通,只要你的心一动,对方的剑就会被你夹住,因为无论多么快的剑,也不会有你的心动得那么快。"

这一点江湖中没有人能够否认。

"可是那个时候你的手为什么刚好就在你的心脏附近呢?你是不

是已经算准了对方的那一剑一定会刺向你的心脏？"

陆小凤只是笑笑，不回答。

这种事根本无法回答。

在生死存亡间的那一刹那，有很多事都是无法解释的。也许那是他经验和智慧的结晶，也许那是一瞬间的灵感，也许那只不过是运气而已。

剑客的剑被人捏住，简直就好像他的手脚已经被人绑住了一样。对他心理的打击甚至还更严重。

可是这个紫衣老妪，无疑是第一流剑客中的超级高手。

她不但剑法快，反应更快，不但反应快，判断更正确。所以陆小凤一捏住她的剑，她就立刻把剑松手，她的人也立刻用一种非常惊人的速度掠了出去。

她当然是向上掠起的，她掠起的角度非常倾斜，为了避免对方的后手，这种角度无疑是最安全的一种。

可是她还不放心，她无疑是一个非常谨慎、非常爱惜自己生命的人。

所以她掠起之后，还凌空翻了一个身，改变了另外一个更安全的角度。

她穿的是一件紧身的百褶长裙，就像是一道重重的帘幕一样。穿着这样一条长裙，裙里已经不必要穿长裤了。

可是在她凌空翻飞时，她的长腿也翻飞而起，就像是一重重波浪一样翻飞而起。

陆小凤一抬头，就看到了她的腿。

那绝不是一双老妪的腿。

陆小凤看见的这一双腿，雪白修长结实，和她那满头白发，满布皱纹的脸，绝对不像是属于同一个人的。

陆小凤是个眼力非常好的人，对女人的脚也特别有兴趣，有研究。

他甚至可以看见这双腿上肌肉的跃动。

这么结实，这么长，这么美的腿，甚至连陆小凤都很少有机会能够看到。

这个紫衣老妪手里用的剑是柳乘风的剑，她那个同伴是一个很快的快刀手。

陆小凤就算是个完全没有思想的人，也可以想得到他们和柳乘风的死一定有很密切的关系。

这两个人无疑一直都留在这个小镇上，现在虽然全都来了，却还是可以查得出来的。

要怎么样才能查得出来呢？

刀客的脸是被黑巾蒙住的，老妪的脸无疑经过易容改扮。

现在陆小凤唯一真正看到的，只不过是那一双腿。

那当然绝不是一个白发苍苍的老太婆的腿，如果能找出这双腿的主人是谁？那么也就可以找出刺杀柳乘风的凶手是谁了。

这就是陆小凤唯一的一条线索，也是他唯一能做的一件工作。

他能怎么做呢？

难道他能把这个镇上每个女人的裙子都掀起来，看一看她们的腿？

老实说，陆小凤也并不是不想这么样做，只可惜他实在做不出来。

他只好再去找赵瞎子。

赵瞎子却死也不肯再说一个字了，他已经被吓得连裤裆都湿透了。

北京城绝不是一天造成的，要侦破这么样一件神秘离奇复杂的凶杀案，当然也不是一天两天的事。

所以陆小凤只好暂时回去睡觉。

想不到他一回到他那间破烂的小屋里，就看见有一条腿，从他的床底下伸了出来。

一条又脏又黑的细腿，腿上全是污泥，根据陆小凤最保守的估计，至少也有七八个月没有洗过了。可是跟腿下面长着的那只脚一比，这条腿又显得干净极了。

那只脚，简直就好像是用一大堆狗屎堆出来的。

陆小凤苦笑着摇头，端张椅子，在床对面坐下。

床底下的人终于慢慢地爬了出来，一头鸟窝似的乱发，盖着个鸟蛋似的脑袋。

陆小凤轻轻地咳嗽了一声："小叫花。"

小叫花一下子就跳了起来，脑袋几乎撞上横梁，看见陆小凤才松了口气。

"大少爷，这下子你可真把我吓了一大跳，把我的魂都吓掉了。"

陆小凤立刻露出很抱歉的样子："我真吓着了你？"

"当然是真的。"小叫花用手拍着胸口，"我差一点就被你活活吓死。"

"那倒真是不好意思。"陆小凤说，"我好像应该向你道个歉，赔个不是。"

"那倒也不必了。"小叫花做出非常宽宏大量的样子，"你只要在某一方面给我一点小小的补偿，我就决定原谅你。"

"一点点补偿？"陆小凤故意问，"什么样的补偿？"

"譬如说，一点点金子，一点点好酒，一两个好看的小姑娘。"

小叫花眯着眼说，"你当然也知道，这些东西都是可以压惊的。"

陆小凤笑了。

他实在想忍住不笑的，却实在忍不住笑了出来。只不过在他开始笑的时候，他已经一把揪住了小叫花的衣襟，就在他揪住小叫花的衣襟的时候，小叫花的人已经被他好像提一个小王八一样地提了起来。

陆小凤已经板起了脸。

"你半夜三更偷偷地摸到我的房间里来，翻箱倒箧还不算，还要爬到我床底下去，你这是什么意思？"

"我……"

"最可恨的是，你居然还说我吓着了你，还要我赔偿你。"

陆小凤冷笑："我看你倒应该好好赔偿我才对，我一定很快就会想出一个好法子来的。"

小叫花已经快哭出来了。

"我不是来偷你的，我是丐帮的子弟，我怎么会来偷陆小凤，我怎么敢？"他哭丧着脸，"天下有谁不知道陆小凤是丐帮的好朋友，丐帮上上下下几万个兄弟有谁敢妄想动陆小凤一根寒毛？"

"你真的是丐帮的弟子？"

"绝不假。"

陆小凤的手松了，小叫花一跳下地立刻用一种很漂亮的身段，向陆小凤打了个千。

"丐帮第二十三代弟子黄小虫，叩见陆小凤陆大侠陆大叔。"

"你是哪一堂、哪一舵的？"

"玄龟堂，王老爷子属下长江第二十七分舵管辖，三年前才被派到这里来。"

"长江分舵的弟子怎么会被派到这里来？"

小叫花叹了口气："无论哪一帮、哪一派里面，总有几个是比较倒霉的。"

丐帮和陆小凤的渊源极深,丐帮的子弟可以说都是陆小凤的朋友。

朋友们说的话,陆小凤一向很少怀疑。

从这个小叫花嘴里陆小凤又证实了几件事。

——柳乘风的确是死在一条暗巷中,的确是被赵瞎子收殓的,那时候杀人的凶刀的确还留在柳乘风的尸体上。

问题是——

"只不过第一个发现柳大爷尸体的人绝不是我。"小叫花用非常肯定的口气说,"干我们这行的人,虽然总喜欢在半夜里东游西逛,可是那一天我逛到那条巷子里去的时候,那里最少已经有两个人比我先到了。"

"哦?"

"我本来不想往那边走的,直到听见柳大爷的惨呼声才赶紧扑过去。"

"到了那里的时候,你就看见有两个人早已先在那里了?"

"对。"

"两个什么样的人?"陆小凤追问。

"三更半夜我也看不清他们的脸,而且他们一看见我,也很快地就跑了。"小叫花说,"可是我可以断定,那两个人是一男一女。"

"一男一女?"

陆小凤立刻想到了在赵瞎子后院中遇到的一个快刀手,和那个假扮作老妪,却有着一双美腿的女人。

06

房子是一间建筑得很简陋的房子,桌子是一张连油漆都没有的破木桌,床是一张破床。

这些还不要紧。要紧的是,房子里没有朋友,桌子没有酒,床上也少了一个人。

在这么样一间房里,陆小凤本来是绝对待不下去的,更休想让他睡上床。

可是现在陆小凤已经睡在床上了。

柳乘风是他的朋友。

柳乘风的死,实在太离奇。

这个远在边陲的荒凉小镇上,仿佛也充满了一股说不出的离奇诡秘之意。

陆小凤如果连这种事都不管,他还管什么事?陆小凤如果连这种事都不管,那么这个陆小凤也就不是陆小凤了。

要管这件事,就要先想通很多件别的事。

到现在为止,陆小凤所有的线索,都是从小叫花和赵瞎子那里得来的。

这两个人说的话好像都不假,奇怪的是,其中却偏偏好像有一点矛盾。

矛盾在哪里?陆小凤也说不上来,有很多事他都还没有想通,甚至连影子都看不见,连门都没有。

就在他想得一个头有三个头那么大的时候,他忽然听见一种奇怪的声音。

他的心忽然跳了起来。

无论谁都知道陆小凤绝不是一个很容易就会兴奋得心跳的人,可是他现在心跳得真厉害。

陆小凤的心一直都在跳,只不过现在他跳得比平常快得多,因为他忽然听到了另外一个人的心跳声,"扑通、扑通"的心跳声,还加上轻轻地喘,而且就在他那扇薄薄的木板门外面,而且还是一个很诱人的女子声音。

更重要的是,陆小凤立刻就听出了发出这种声音的这个女人,就是那个腰肢纤细、双腿修长的老板娘,那个走起路来全身一直像一条蛇一样在扭动的老板娘。

她是从院子对面很快地跑过来的,一跑过来就靠在门上不停地心跳,不停地喘气。

三更半夜,她跑到一个陌生旅客的房门外来干什么?这一点陆小凤连想都不敢去想。

一个远在异乡为异客的旅人,如果多想到这一类的事,这一夜他怎么还能睡得着?

这一夜陆小凤当然没有睡着,因为老板娘已经推开门走进来了。

门本来没有上闩,所以老板娘一推门就走了进来,可是一走进来就顺手把门闩住了。

陆小凤就好像一个死人一样地睡在床上,连动都没有动。

只是他的心却动了。

一个健康正常的男人,一个孤独寂寞的旅人,在这种情况下如果还能够保持不心动,那么他很可能就真的已经是个死人了。

陆小凤人没有动，也是不过因为他想看看这位风情万种的老板娘，夜深人静到这里来到底想干什么？

——是来搜查他行李的？是来杀他的？还是来勾引他的？

作为一个男人，陆小凤当然希望她这次来的目的是最后一种。

这是男人的虚荣心和自尊心，每个男人都会这么样想的。

幸好陆小凤他另外有一种想法。

如果这位老板娘是来杀他的，至少可以证明她和柳乘风的凶案有关，那么陆小凤侦查的范围也可以缩小了。

不幸的是，这位老板娘连一点要杀他的意思都没有。

屋子里的灯已经熄了，窗外的灯光也不知是从哪里照过来的，朦朦胧胧地照出老板娘纤细的腰肢和一双修长的腿，腿的曲线在柔软的长袍下很清楚地显露了出来。

陆小凤忽然说："你应该知道灯在哪里，去把灯点起来。"

老板娘好像吓了一跳，用一双很白的手，轻轻拍着她很丰满的胸。

"你吓死我了，你可真把我吓了一跳。"她问陆小凤，"这样子不是蛮好的，为什么要我点灯？"

陆小凤的回答才真是要让大多数女人都吓一跳，"因为我要看看你的腿。"他说。

老板娘吃吃地笑了："我的腿有什么好看的？我不给你看。"

陆小凤居然好像有一点是在撒娇的样子："我喜欢看，我偏要看，而且非看不可。"

老板娘叹了口气："你啊，你这个人，实在是烦死人了。"

她嘴里虽然这么说，可是那张破木桌上的油灯，已经被她点着了。

老板娘把她的身子迎向灯光，把她柔媚的眼波抛向陆小凤。

"这么样可以了吧?"

"还不行。"

"还不行?"老板娘问,"为什么还不行?"

"因为现在我看见的只不过是你的裙子而已,还没有看见你的腿。"

"你还想要怎么样?"老板娘的眼波在荡漾,"难道你还想要我把我的裙子掀起来?"

"一点也不错。"陆小凤不怀好意地微笑着说,"我心里就是在这么想。"

老板娘用她一嘴又细又白的牙齿,轻轻地咬住了她的唇:"你啊,你真是我的冤家。"

如果一个女人把你当作她的冤家,那么你就可以放心了。

对于一个冤家的要求,女人们是绝不会拒绝的,所以陆小凤很快就看见了老板娘的腿。

这双腿已经实在没有什么地方可以让人抱怨的了,就算最挑剔的人也应该觉得很满意。

可是陆小凤却在心里叹了口气,甚至还露出了很失望的样子。

因为这双腿并不是他想看的。

他想看的,是从翻飞的紫色长裙下露出的那双腿,那双腿的肌肉结实而充满了弹性,充满了一种野性的青春活力。

老板娘这双腿虽然更白,更细致,可是肌肉却已经开始有一点松弛,对于男人的情欲虽然更有挑逗力,却已缺乏弹性。

陆小凤并没有把自己的失望掩饰得很好,老板娘也没有注意到这一点,只是腻声问:"现在你还想要我怎么样?"

陆小凤居然把眼睛都闭了起来:"现在我只想要你放下你的裙子,吹灭桌上的灯,用你的两条大肥腿走出去。"

老板娘生气了，这次可真的是生气了，气得恨不能一下子就把这个可恶的小胡子活活掐死。

"你这是什么意思？"她尖叫着问陆小凤。

"我想我大概已经把我的意思说得很明白了。"陆小凤幽然道，"我想你也应该听得很清楚。"

他本来以为她会气得发疯的，说不定会气得扑过来捶他几下，咬他几口。

可是他不在乎。

要对付一个发疯的女人，陆小凤先生最少也有一百多种法子。

令人想不到的是，我们的这位老板娘非但没有发疯，反而又吃吃地笑了。

"你啊！你实在不是个好东西，你简直就不是人。"她笑得居然好像还很愉快，"幸好我还有法子对付你这种不是人的人。"

"哦？"

"我可以保证，如果你今天让我走出这扇门，你一定会后悔一辈子的。"

她的声音居然变得连一点生气的味道都没有，这种反应连身经百战的陆小凤都不能不觉得很奇怪，所以忍不住要问："你是不是在告诉我，如果今天晚上我不把你留下来，我就会后悔一辈子？"

老板娘那一嘴细白的牙齿在微笑中露了出来。

"我想我已经把我的意思说得很明白。"她说，"我想你也应该听得很清楚。"

"好，这次算我投降。"他甚至把双手都举了起来，"你能不能告诉我，我为什么要后悔？"

"因为只有我能告诉你，你的朋友柳乘风是怎么死的。"

这句话就好像是一条鞭子，陆小凤就好像忽然挨了一鞭子，从床上跳了起来。

"你知道是谁杀了他?"

"我想我大概可以知道一点。"

陆小凤的全身都已僵直,口气都软了:"那么你现在是不是可以告诉我?"

"我当然可以,你这个冤家!不管你要我去做什么,我都会去做的。"老板娘说,"可是你至少先得为我做一件事才像话。"

"什么事?"

老板娘直视着他,幽幽然然地说:"脱下你的裤子,让我看看你的腿。"

陆小凤傻住了,仿佛已经被吓呆。可是忽然间他又大笑。

"这件事太容易了。"他开心地笑着说,"天下还有什么事比一个漂亮的女人要一个男人脱裤子更容易?只要能让你高兴,要我脱什么都没关系。"

他没有骗她。

话还没有说完,他的裤子已经离开了他的腿。

"现在你还想要我干什么?"

老板娘的眼波又开始荡漾:"现在我只想要你抛下你的裤子,吹灭桌上的灯,用你的两条小瘦腿走过来抱住我。"

为了一件必须要做而且非做不可的事,总要付出一点点代价的。

为了一个真正是朋友的朋友,无论付出什么样的代价都值得。

陆小凤一向是有原则的人,这就是他的原则。

所以灯灭了。

07

一男一女,一间小屋,一张床。灯灭了之后是可以做出很多事来的。

一男一女,一间小屋,一张床。灯灭了之后也可能什么事都没有做。

实在的情况如何?究竟有没有什么事发生过,除了他们两个人自己之外,有谁知道?

我们唯一能够确信的事,就是陆小凤当然问过老板娘:"你怎么知道是谁杀了柳乘风?"

"因为在我们这个鸟不生蛋的小镇上,只有一个人能杀他。"

这句话当然需要解释,老板娘的解释是——黄石镇是一座非常荒凉偏僻的小镇,自从它附近藏金的传说,被证实为只不过是一项谣言之后,连经过的行旅客商都绝迹了,因为这里根本就不在通商大道上。

这里的居民,都是数代以前就已经在这里生根落籍的,都已经习惯了这种贫穷但却安定的生活,也已经不能再去适应外界那种繁华世界中的竞争与忙碌。

老板娘说:"譬如说我们家那个死胖子,死守着这家小杂货铺,已经守了好几代了。就是你现在要他出去,赚一大把一大把的银子,他也没那个胆子了。"她说,"只要一走出这座小镇一步,他的腿就会发软。"

小镇上其他大部分人也都是这个样子的,贫穷安定的生活,已经使他们完全没有丝毫斗志,也已经完全没有虚荣心。

因为他们根本就不知道外面的声色荣华诸般享受是什么样的。

这些人都已经远在百年之前，就已经在这个小镇里落籍生根，每一户人家彼此之间的了解，就好像一个人自己了解自己一样。

"只有一个人是例外。"老板娘说，"我们这个镇上，只有他一个人例外。"

"这个人是谁？"

"他姓沙，他的名字几乎已经被人忘记了，因为大家都称他为沙大户。"

"沙大户？别人为什么要叫他沙大户？"陆小凤问老板娘。

"黄石镇上的好田好地都是他的，连几个甜水井也都是他的，别人不叫他沙大户叫他什么？"

"这个沙大户为什么要杀柳乘风？"

"我可没有说他要杀柳乘风。"老板娘说，"我只不过说，如果黄石镇上有人能杀柳乘风，这个人就一定是沙大户。"

"为什么？"

"因为我也知道柳大爷是江湖中一等一的好手，我们这里的人却都是只要看见别人一动刀，就会吓得尿湿一裤裆的龟孙子。"

老板娘说："除了沙大老板之外，黄石镇上谁也不敢动柳大爷一根寒毛。"她特别强调，"除了沙大老板之外，谁也没这个本事。"

"他有什么本事？"

"其实他自己也没有什么鸟蛋的本事，他有的也只不过是一肚子大便而已。"

老板娘刚才是带了一坛酒来的，跟陆小凤喝酒，无疑是天下最让人高兴的事情之一，所以我们这位有一双白手、一双长腿和一颗春心的老板娘，现在想要不醉都困难得很。

所以她现在说话已经开始有一点胡说八道了。

"只不过我们这位沙大老板，要比别的那些龟孙子要强一点。"老板娘说，"因为他除了一肚子大便之外，还有一屋子金银珠宝。"

"这跟柳乘风的死有什么关系？"陆小凤问。

老板娘搂住了他的脖子，像拍小孩子一样拍着他的脸。

"小少爷，你懂不懂有很多人就好像苍蝇一样，一看见大便就会不要命地飞过来。"她的眼已眯起，"金银珠宝就是他们的大便。"

"那么苍蝇是些什么人呢？"

"苍蝇也就是一些既不是东西也不是人的人。"老板娘说，"强盗、逃犯、凶手、恶棍、采花贼和一些出卖了朋友的畜生，他们被人逼得无路可走的时候，就会变成苍蝇，就会嗡嗡嗡地飞到一堆大便上去，这些大便当然是愈远愈好。"

她把坛子里最后一口酒也喝了下去："黄石镇上的这一堆大便当然是最远的。"

陆小凤知道这个女人已经快要变成一只女醉猫了，因为他知道那一坛酒是多么烈的酒，所以他一定还要趁她没有醉之前问她一些话。

"你说的这一些苍蝇之中，是不是有一些一流的高手？"

"大概是吧。"

"难道你认为这些来投靠沙大户的强盗凶手之中，有人能杀柳乘风？"

"我也不知道。"老板娘的眼睛已经阖了起来，"如果想知道，为什么不自己去看看？"

说完了这句话，老板娘的眼睛就再也张不开了。

对一个已经喝醉，而且已经睡着的女人，连陆小凤都没有法子。

除了直接去找沙大户之外，他实在连一点法子都没有。

第四章

大户人家里的杀手

01

沙大户的名字当然不叫大户,只不过他确实姓沙,他的父亲、祖父、曾祖、玄祖都姓沙,而且都叫作沙大户。

对他们家的人说来,除了"大户"这两个字之外,几乎已经没有更适当的称呼了。

因为他的玄祖沙曼阁被朝廷遣放到这里来之后,就成了这里最有权势的人。

沙曼阁,字观云,好学道,十三岁入庠,十七岁中举,十八岁即高中,点翰林、入清流,少年清贵,想不风流也不可能了。

可是风流也要付出代价的。

风流轻狂,风流环薄,风流清贫,风流早死。

为什么一个才情绝代的词人要忍心把他的浮名——把他不是浮名的浮名换作浅酌低唱?

那只不过是风流而已。

风流千古事,得失寸心知,得又如何?失又如何?生又如何?死又如何?一芥子即一世界,一刹那即一永恒。沙曼阁的风流,换来的结果，就是要他们沙家的人一辈子都要发配到边疆去做流民。

可是他们沙家的流民，在黄石镇上，过的却是非常贵族化的生活。

因为沙曼阁是个读书人，到了黄石镇之后还不到一年，就在附近一个山坑里挖掘到黄金。

世界上还有什么东西比金子更实在、更宝贵的？

贩夫走卒、妇孺幼童、蛮汉村夫，他们也许不知道珍珠玛瑙翡翠碧玉书帖名画汉玉古碑细瓷，可是黄金呢？

如果这个世界上还有人不知道黄金的价值，那才真的是怪事了。

自从沙家暴富后，黄石镇附近就开始有了一阵寻金的热潮，想发财的人从四面八方拥集而来，黄石镇就在一夜之间忽然繁荣了起来。

只可惜这阵繁荣并没有维持多久，因为除了沙大户之外，能找到黄金的人实在少得可怜。

大多数人都失望地走了，只有沙大户依旧是沙大户，黄石镇也依旧萧条如故。

02

陆小凤来拜访沙大户，就在他到达黄石镇的第二天以后。

那时候沙大户正在喝他这一天的第一杯酒，中午这一餐，他喝的通常都是比较软一点的酒，这天他喝的是特地从绍兴捎来的善酿。

这种酒极易入口，后劲却极大，陪他喝酒的是他身边最接近的一位清客孙先生，据说是从知县任上致仕的，看起来文质彬彬的，儒雅温和。

进来禀报有客来访的，是这一天在门房里当值的护院杨五。

沙大户一只手拿着酒杯，一只手拿着筷子，眼睛看看一碟凤鸡里的一个鸡脚，冷冷地问杨五："你知不知道我在吃饭的时候，是从来不见外客的？"

"我知道。"

"那你为什么还不叫外面那个人滚蛋？"

"我本来不但想要他滚蛋，还想拎住他的脖子把他扔出去。"杨五说。

"你为啥没有这么做？"

"因为这个人我扔不出去。"杨五说，"他没有把我扔出去，我已经很高兴了。"

沙大户转过头，眯着眼睛看着他。

"我本来一直都以为你是一个很有种的人，怎么忽然会变得那么孬了？"

在自己的老板面前，杨五说话也不太客气。

"我一点都不孬。"他说，"我只不过不想去惹那个人而已。"

孙先生插口了："那位仁兄究竟是何许人也？"

杨五故意很冷淡地说："他其实也不是什么了不起的人，只不过是个长了四条眉毛的陆小凤。"

沙大户的架子一向是非常大的，大得不得了，可是听到陆小凤这三个字，他立刻就好像变成了另外一个人。

这三个字的本身就仿佛有一种很特别的魅力。

陆小凤自己也明白这一点，所以他虽然站在门房外面等了半天，可是他相信沙大户只要听见了他的名字，一定会亲自出来迎接他，用最好的酒菜招待他，旁边甚至还有最好看的女人。

对于这一点他有信心。

有一次在微醺之后，他曾经问过他的一个好朋友，他问老实和尚:"你知不知道我是一个什么样的人?"

他不等老实和尚开口,就自己回答:"我是个骗吃骗喝的专家,就凭我的名字就可以吃遍天下。"

老实和尚大笑:"这一次你说的实在是老实话。"

好酒好菜都已经摆在桌子上了,架子极大的沙大老板果然是亲自把陆小凤迎接进来的,宴客的花厅里已经挤满了一屋子人。

能够看到陆小凤这样的人,这种机会有谁肯错过。

沙大户很抱歉地向陆小凤举杯。

"陆兄,你看这地方,像不像个菜市场?"

"真有点像。"

沙大户大笑:"其实这个地方本来是蛮清静的,我们家也并不是这么没有规矩的人家,可是大家一听说那个能够用两根手指捏住刀锋,而且还有四条眉毛的陆小凤来了,谁都想看看这个陆小凤是个什么样的人。我挡也挡不住,赶也赶不走。"

陆小凤故意叹了口气。

"这种事本来就是没法子的,谁叫我是这么有名的人?"他简直连一点谦虚的意思都没有,"一个名人总是会常常碰到这种事的。"

大家都笑了,只有一个穿着一身蓝布秀才衫,好像是清客一类的瘦小中年人,脸上虽然也赔着笑,眼中却全无笑意,甚至连他脸上的笑容看起来都很僵硬勉强。

幸好陆小凤并没有注意到他,只是带着笑对沙大户说:"我的穷,我的懒,都是很有名的,我相信你一定也知道。"

"我听说过。"

"那么你为什么不问我,像我这么样一个人怎么会像一只骡子一样,笨笨地赶了几千里路,连滚带爬地跑到这里来?"

沙大户感慨叹息。

"这地方实在愈来愈穷了，到这里来的人确实愈来愈少。"他说，"像陆小凤这样的大人物居然会来，我们实在连做梦都想不到。"

他本来很有威严的一张"国"字脸上居然露出了像陆小凤一样调皮的笑容："幸好我不做梦的时候还可以想得到。"

陆小凤四条眉毛都扬了起来："你真的知道？"

"真的。"

"你知道些什么呢？"

"知道你是为了一个朋友来的，你那位朋友很不幸地死在这个地方。"

"你知道的事好像还真不少。"

"这个地方虽然穷，我可不穷。"沙大户说，"像我这么样一个有钱人，总是有很多人会偷偷地跑来告诉我很多事的。"

他笑得非常愉快："有钱的人就好像有名的人一样，不管做什么事都要比别人方便一点。"

这一点谁都不能不承认。

陆小凤听到有道理的话总是会露出很佩服的样子。

"看起来你这个人实在真的是很有一点学问。"

沙大户大笑："我的学问恐怕还不止一点而已。"他说话也同样一点都不谦虚。

"除此以外，你还知道什么？"陆小凤问这个好像有很多种性格面目的人。

"你是不是还知道我来找你是为了一把刀？"

"这种事我怎么可能不知道。"沙大户故意用冷淡的语气说，"这个小镇上怎么可能还有我不知道的事？"

陆小凤盯着他，也故意用一种很冷淡的口气道："那么你一定也知道那两个人是谁了?"

"两个人?"沙大户皱起了眉,"两个什么样的人?"

"你不知道我问的是哪两个人?"

"我怎么会知道。"沙大户说,"这地方虽然小,人却不少,我怎么知道你问的是谁?"

陆小凤叹气,摇头:"原来这地方毕竟还是有些事是你不知道的。"

这句话说得简直有点混账了。

他只说他要找两个人,既没有说出这两个人的姓名来历,也没有说出他们的身材容貌,有谁能知道他说的是谁,那才是怪事。

可是他偏偏要这么说,这种话大概也只有陆小凤先生能说得出来。

他知道沙大户一定会生气了,陆先生说的话常常会把别人活活气死。连老实和尚那种有涵养的人都差点被他气死在阴沟里,何况沙大户这种大爷。

一个做惯了大爷的人,能受谁的气?

"你到底要找两个什么样的人?"沙大户忍住气问陆小凤。

"是一男一女。"

"你要找的是一男一女?好极了,实在好极了。"

沙大户气得直笑:"这个世界上正好有一半是男人,一半是女人,你要找的正好就是一男一女,你说巧不巧?"

他生气,陆小凤不气,陆先生一向只会气人,不会气自己。

看到他这种很高兴的样子,本来很生气的沙大户忽然也笑了起来。

"原来我上了你的当了。"

"你上了我什么当?"

"你是故意在气我,我居然就真的生了气。"沙大户说,"我简直好像是个傻瓜。"

其实他一点都不傻,陆小凤无缘无故地气他。

这两个人从一见面开始,所说的每句话都不是没有道理的,就好像两个武林高手在过招一样,都想把对方压倒。

"我看得出你也跟我一样,是个争强好胜的人。"沙大户说,"我一向最喜欢这种人。"

"只可惜你长了胡子。"陆小凤又故意叹了口气,"你大概也知道陆先生一向只喜欢美女。"

这一次沙大老板不再生气了,时常生气绝不是件好事,尤其有碍健康。

大老板们通常都很会保重自己的身体。所以他只问陆小凤:"你要找的那一男一女,有什么特别跟别人不同的地方?"

"那个男的很会用刀。"

沙大老板笑了:"我家的厨子也很会用刀,他用刀片起肉来,片得比纸还薄。"

他也故意问陆小凤:"你要找的是不是我的厨子?"

陆小凤当然更不会生气,反问道:"你的厨子会不会杀人?"

"我只知道他会切肉。"

"切什么肉?"

"猪肉牛肉羊肉狗肉骡肉马肉鸡肉鱼肉鹤肉鹅肉兔子肉獐子肉,什么肉他都切,甚至连老虎肉他都切过。"沙大户说,"只有一样肉他不切。"

"人肉?"

"你又说对了。"沙大户还在笑,"人肉是酸的,比马肉还酸,我绝不会让我的厨子去切人肉。"

陆小凤又在叹气："没有吃过人肉的人，怎么会知道人肉是酸的？真奇怪。"

沙大老板不理会他，否则就又要生气了。

别人要气你，你不气，才是高竿，能够做一个大老板，没有一两下高竿怎么能罩得住？

"男的会用刀，女的呢？"他问。

"女的那一个就更奇怪了。"陆小凤说，"她满头白发苍苍，像是个六七十岁的老太婆，可是她的一双腿，却像是个十六七岁的大姑娘。"

像那么样一双腿，如果有人能在看到过之后很快就忘记，那个人一定不是个男人。

没有看见这双腿，沙大老板无疑也觉得很遗憾。

他虽然已经开始有一点老了，毕竟还是男人，愈老的男人，愈喜欢看女人的腿。

就算只不过看一看，也是好的。

沙大老板叹了口气，先把自己这一生中所看到过的美腿一双双在心里温习了一遍，等到自己觉得自己又变得年轻了一点时，才问："你有没有看到她的脸？"

"没有。"

当时陆小凤根本没有机会看到她的脸，何况看到了也没有用。

头发可以染的，脸也可以改扮，天色又已黑了，生死已在呼吸间。

这种情况沙大老板当然也不会不明白，却偏偏还是要问："你为什么不看她的脸？"

"因为我是个男人。"陆小凤淡淡地说，"一个男人在看到那么样一双腿的时候，谁还有空去看她的脸？"

问得不通，回答也绝，大户大笑。

"现在我才明白你的麻烦在哪里了。"他大笑道，"这个女人你根本就找不到，除非你能把这地方每个女人的裙子都脱下来瞧一瞧。"

陆小凤没有笑，反而一本正经地压低声音说："老实告诉你，我正想这么做。"

"这种事谁不想做？"沙大户也故意压低声音，"如果你真的去做了，千万要告诉我，好让我也跟着你去瞧瞧。"

两个人说了半天话，谁也不知道他们是在斗嘴？还是在斗智？

长了四条眉毛的陆小凤已经看透了，好像也没有什么太稀奇。

挤在大厅里的人已经觉得没什么太大的意思，一个个都往外溜。

那个穿蓝布衫的秀才本来就笑不出，现在当然更待不住。

陆小凤忽然大声说："金老七，别人都能走，你不能走。"

谁是金老七？谁也不知道谁是金老七，谁也不知道他在叫谁，所以不管谁都会吓一跳。

忽然被人吓了一跳的时候，脚步一定会停下来，每个人都在东张西望，想找出这位大名鼎鼎的陆小凤叫的究竟是什么人？为什么要叫住他？

秀才也不例外。

只可惜现在每个人都看出陆小凤要找的人就是他了。

陆小凤的眼睛已经像钉子一样盯住他。连他自己都已感觉到，所以忍不住要问："陆大侠，你在叫谁？"

"我不是大侠，就好像你也不是秀才一样。"陆小凤说，"我在叫的当然就是江湖中唯一能'夜走千家，日盗百户'的金七两。"

"我不认得这个人。"

"你不认得我认得。"陆小凤说，"你就是金七两，金七两就是你。"

第五章

棉花七两　面具一张

01

金七两这个名字并不是没有来由的。因为这根本不是他的名字，而是他的绰号。

江湖人通常有个绰号，名字可以狗屁不通，绰号却一定有点道理。

陆小凤既不小也不是凤，连凤和凤的老婆"凰"长得是什么样子他都没见过，西门吹雪当然也不会真的去吹雪。

李寻欢能寻找的通常只有烦恼，李坏并不坏，胡铁花和一朵铁花之间，用八竿子也打不出一点关系来。

可是沙大户就是大户，小叫花就是小叫花，王八蛋就绝不是臭鱼。

那么金七两是怎么会被别人叫作金七两的呢？

金七两本来的名字叫金满堂，能够把黄金堆满一大堂，那有多高兴。

只可惜他家的金子连一个夜壶都堆不满。

所以他从小就去学武，最喜欢的一种武功是轻功提纵术。

轻功练好了，高来高去，来去无阻，取别人的财帛子女如探囊取物，那岂非又比满堂黄金更让人高兴？

就因为他从小就有这种"伟大的抱负"，所以他的确把轻功练得很好。江湖中甚至有人说，只要金满堂施展出轻功来，落地无声，轻如飞絮就好像七两棉花一样，所以别人就叫他金七两。

金七两长得虽然并不高大威武，可是眉清目秀，齿白唇红，从小就很讨人欢喜，否则恐怕也不会有那么多大盗飞贼把轻功秘技教给他了。

这面黄肌瘦的秀才老者会是金七两？陆小凤是不是看错人了？

"我不会看错人的。"陆小凤说，"你脸上戴着的这张人皮面具，虽然是很不错的一种，最少也要花掉你几百两银子，可是还休想能瞒得过我。"

他走过去，秀才盯着他，忽然叹气。

"陆小凤，我真奇怪，你怎么到现在还没有死呢？难道你真的永远都死不了？"

金七两绝对是个聪明人。

一个聪明人在知道自己骗不过别人的时候，就绝不会再骗下去。

他甚至把脸上的面具都脱了下来。

"陆小凤，你有本事把我认出来，我没话说。"金七两道，"可是你说我这张人皮面具只值几百两银子，就未免太过分了。"

"哦？"

金七两轻抚着手里薄如蝉翼般的面具，就好像老人抚摸少女那么温柔。

"这是'红阁'的真品，是我用一张吴道子的画和一株四尺高的珊瑚换来的。"他说，"那至少要值好几十个几百两。"

"真的？"

"当然是真的。"

陆小凤的四条眉毛都垂下来了，甚至好像有一点快要哭出来的样子。

"如果你这张面具真是用那两样东西换回来的，你最好赶快去上吊。"

"为什么？"金七两急着问，"难道这是假的？"

"如果这不是假的，我就去上吊。"陆小凤说，"如果你晚上真的戴着一张红阁面具，恐怕连神仙都很难把你认出来。"

"红阁"就是朱停的别号，朱停是个很绝很绝的人，也是陆小凤的老朋友。

我特别强调这件事，只因为它是这个故事里非常重要的关键之一。

02

现在金七两的样子好像也快要哭出来，被骗的滋味有时候就好像吃大便一样，既然已经吃下去了，怎么还吐得出来？

哭也不能哭，吐也不能吐，金七两只觉嘴里又干又臭。

陆小凤很同情地看着他，用一只很温暖的手去拍他的肩。

"你不必生气，也不必难过，只要你肯说老实话，我一定送你一张真的红阁。"

"如果你要问我那个女人是谁，你就问错人了。"金七两说，"我从不看女人的腿。"

"我知道你不看！"陆小凤说，"你一向只喜欢看男人。"

他口气中并没有什么讥嘲之意,在历史上某些时期中,男人喜欢男人,女人喜欢女人,都是很平常的事。

尤其是在太平盛世,在士大夫那一级的阶层里,这种事更普遍。

金七两的态度忽然变了。

红阁真品并没有让他心动,陆小凤对这种事的看法却感动了他,使得他消除了自卑,也使得他有了一种说不出的知己之感。

这种感觉是很难掩饰的,陆小凤当然立刻就看了出来,所以立刻就问:"我想你一定知道柳乘风这个人?"

"我知道。"金七两说,"去年他就来了,而且已经死在这里。"

"他是怎么死的?"

"被人在暗巷中刺杀于刀下。"

金七两神情忽然变得很惨淡:"那就好像我把田八太爷的孙子刺死在暗巷中一样,都是没来由的事。"

"就因为你杀了小小田,所以才会逃到这里来?"陆小凤问。

"杀了不该杀也不能杀的人,只有亡命。"金七两黯然道,"亡命之徒的日子并不好过,总有一天会被追到的。"

"为什么?"

"杀人之后,心慌意乱,总难免会留下一些线索。"金七两说,"不管你的轻功多高,不管你逃得多快,只要有一点线索,别人就能追到你。"

"杀死柳乘风的那个人,留下了什么线索?"

"他留下了一把刀。"金七两说,"一把很特别的刀。"

在江湖人的心目中,刀就是刀,就正如人就是人一样。人都可以杀,刀都可以杀人。

人用刀，刀杀人，人被杀，就好像鸡生蛋，蛋生鸡，鸡又生蛋那么自然，也就像一是一，二是二，三是三那么简单。

江湖人所讲的道理，就是这样子的。

如果他们说有一把刀是很特别的刀，那么这把刀就一定非常特别。

金七两是个不折不扣的江湖人，他既然这么说，陆小凤当然要问："那把刀有什么特别？"

金七两的回答非常奇怪，他的回答甚至不像是一个江湖人会说出来的。

"那把刀根本就不是一把刀。"他说。

陆小凤的耳朵不聋，神志也很清醒，这天到现在为止他连一滴酒都没有喝。

他听得清清楚楚，一字不漏："那把刀根本就不是一把刀。"

金七两就是这么样说的。

金七两并没有说谎，这把刀的确不能算是一把刀，只不过是一把匕首而已，不但制作得非常精巧，价值无疑也非常贵重。

它的柄是用一根整支象牙雕成的裸女，曲线玲珑，栩栩如生。如果你一直盯着她看，她的眉目也仿佛在向你传情，甚至好像要投入你的怀抱里。

象牙的色泽也像是少女的皮肤一样温暖柔软而光滑。

可是你只要轻轻一按她的胸，刀柄中立刻就会有一把匕首弹出来，锋刃上闪动的光芒竟是暗赤色的，鲜血已将干枯凝结时，就是这种颜色。

这柄匕首的每一个部分无疑都是名匠的精心杰作，而且年代也很古老了。

沙大户从他书房里，一个书架后的秘密隔间小柜中，拿出了这柄匕首，轻按机簧，匕首弹出，锋芒闪动，宛如血光。

"这就是刺杀柳大侠的凶器。"沙大户说，"像这样的利刃，我当然要亲自保存才能放心，我这里至少总比棺材店安全得多。"

他又说："我实在不愿它落入别人的手里，因为我一直想把它亲手交给你。"

这也不是假话，现在他已经做到了。

陆小凤握起了它的象牙刀柄，忽然叹了口气："看起来你这个人实在是个好人，至少比我好得多。"

他对沙大户说："如果我是你，我就绝不会把这么样一件利器平白交给别人的。"

他又笑了笑："如果你知道它的价值和来历，说不定也不会交给我了。"

"哦？"

"这柄匕首是件古物！它的年纪也许比我祖父的祖父还要老得多。"

"这一点我也看得出。"

"人有来历，刀也有。"陆小凤问，"你看不看得出它的出身来历？"

"我看不出。"

"这柄匕首是从哪里弹出来的，中土的名匠很少肯制作这一类格局的利器，不是名匠又无法将刃炼得如此锋利。"陆小凤说，"所以我可以断定它是从波斯来的。"

"波斯？"沙大户问，"波斯人用的刀岂非都是弯刀？"

陆小凤又笑了："这是刀？"

这不是刀,只不过是一把匕首而已,沙大户只有苦笑。

这只该死的小凤为什么总喜欢要别人自己搬石头来砸自己的脚?

"我曾经在海上耽过一段时候,认得了一批朋友,只要有海水的地方,他们全都走过。最远的地方甚至已经到了天涯海角。"陆小凤道,"我相信他们的话,这些家伙虽然都不是好人,虽然又凶又狠,蛮横不讲理,但是对朋友却绝不会说谎言。"

这些家伙并非就是海盗。

陆小凤的朋友中有些是海盗,一点都不会让人觉得奇怪。如果他的朋友都是君子,那才是怪事。

"这些人里面有一位老船长,老得连自己贵姓大名,有多大年纪都忘得干干净净。"陆小凤说,"这个老小子就有一柄这样的匕首。"

这位老船长当然不会是渔船的船长,在波斯海上,经常都可以看到一些挂着皇族旗帜的船只,这些船只也难免会遇到海盗。

这位老船长的匕首是从哪里来的,大概也就不难想见了。

连他自己也不否认:"这种匕首通常只有在宫廷中才看得到。"

03

宫廷中皇子争权,嫔妃争宠,弄臣进谗,是千古以来每一个皇室都难免会有的情况,而且不分地域,不分国家皆如此。

为了争权争宠,是什么手段都用得出来的,暗杀行动,下毒,都是很平常的事。

如果有某一位皇子忽然暴毙,某一位嫔妃忽然失踪,立刻就会有一些弄臣近侍禁卫大家一起想法子把这件事压下去,绝对不能宣扬外泄，更不能让皇帝知道内情，皇室中是绝不能有丑闻的。

如果有人要去认真追究，那么他不但犯了禁忌，而且犯了众怒。

为了保护自己，也为了在必要时先下手去对付别人，大多数当权的皇子和当宠的嫔妃身边，都会蓄养着一些谋臣死士刺客。

"可是在宫廷中当然不能公然带着武器出入，所以这种外表看来像玩物一样的匕首就成了这些刺客的宠物。"老船长说。

这一类的利器当然不是容易得到的。

老船长又说："在波斯皇朝情况最不稳定的时候，这种匕首的价值曾经高达过黄金五千五百两。"

他又告诉陆小凤："在当时的奴隶市场上，一个身价最高的绝色金发女奴，最多也只不过值七八百两而已，如果不是处女，价值还要减半。"

五千两黄金，一把匕首，这种价值连城的波斯古物，怎么会在这种穷乡僻壤出现？

它是谁的？在这个小镇上，谁有这种资格？谁有这种能力？

在波斯皇朝的宫廷中，又有哪些人才够这种资格？

只有一种人够这种资格，也只有一种人才配用这种利器。

这种人是哪种人？

当然是能够把它运用得最有效的人，能够把握最好的时机，出手一击，从不失手。

这种人通常都有几种别人无法模仿也学不会的气质和特色，和普通一般以快刀杀人于闹市中的刺客是绝不相同的。

因为他们通常都行走在宫廷中。

所以他们的气质通常都是非常优雅的，要培养出这种气质，当然要有相当的学识修养和品格。

他们所接触的人，当然也都是非常贵族化的。

只有这种刺客才能在禁卫森严皇族集居的宫廷中出入自如，杀人于瞬息间，脱走于无形中。

这种刺客和江湖杀手是绝不相同的。

江湖杀手的样子一定要非常平凡，容貌上绝不能有一点让人一眼难忘的特征，也不能有一点与众不同的气质和个性，让别人根本忽视他们的存在。

——如果你根本不觉得有这么一个人存在，你怎会提防他？

这一行中曾经有一位前辈说过一句名言。

——"你要去杀的如果是一个王八，你就得先把自己变成一个王八才行。"

04

"现在我们对于这种匕首已经知道得不少了。"陆小凤说，"第一，我们已经知道它的价值非常珍贵，而且是波斯的宫廷古物，就算在当地，恐怕已经很难见得到，流入中土的当然更不会多。"

以他的见闻之博，交游之广，至今也只不过看到过两把而已。

"能使用它的人，身份当然不会低，武功也不会弱，而且出手一定极快。"陆小凤说，"如果没有一击必中的把握，也要用它去杀人，那就简直是在暴殄天物了。"

他淡淡地问沙大户："依你看，这里有谁够资格配用这种武器？"

"以我看，这里好像只有一个人配用它。"沙大户苦笑，"这个人看来好像就是我。"

陆小凤叹了口气:"你说得不错,这件事看起来好像确实是这样子的,可惜只不过是'好像'而已。"

"为什么?"沙大户的大爷脾气又开始发作了,"难道你认为我也不够格?"

"要说使用这把匕首,你的资格当然够,你大概也买得起。"陆小凤淡淡地说道,"如果说你能用它将柳乘风刺杀于一瞬间,那就抱歉了。"

"抱歉是什么意思?"沙老板的火气又大了起来,"你认为我办不到?"

"不是你办不到,而是谁都办不到。"

陆小凤的口气很肯定:"普天之下,绝对没有任何人能迎面一刀杀死柳乘风。"

沙大老板瞪着他看了半天,忽然极快出手,夺去了陆小凤手里的匕首。

陆小凤呆了,沙大户大笑:"陆小凤,这次你错了,柳乘风就是被我用这把匕首杀死的,你信不信?"

陆小凤的脸色变了,就好像忽然看见一个人的鼻子上长出了一朵喇叭花。

这种样子只有让大老板的火气更大,一声怒喝,掌中的匕首已经闪电般往陆小凤的心口上刺了过去。

他的出手当然要比闪电慢一点,可是要在这么近的距离内杀人,还是容易得很。

这一招显然又是陆小凤想不到的,眼看着匕首的刀尖已将刺入他的心脏。

就在这一刹那间,忽然有两根手指头伸出来了。

谁也看不清这两根手指是从什么地方伸出来的，那简直就好像是直接从心脏里伸出来的一样，一下子就夹住了刀尖。

再眨一眨眼，匕首就已经到了陆小凤手里。

这一次脸色改变的是沙大老板，笑的是陆小凤。

"你刚才问我相不相信柳乘风是被你杀的，现在我可以回答你。"

回答是："我不信。"

"如果说你一刀就可以杀死柳乘风，那么我只要吹口气就可以把一条牛吹到波斯去了。"

沙大老板又瞪他看了半天，本来已经气得发紫的脸上，忽然又有了笑容："陆小凤，你真行，我服了你了。"

他说："只有一点我还不服。"

"哪一点？"

"你说天下没有人能迎面一刀杀死柳乘风，柳乘风却又明明是被人迎面一刀杀死的。"沙大户问陆小凤，"这是怎么回事？"

陆小凤连想都不想就回答："那只不过因为杀死他的人是一个他绝不会提防的人，是一个跟他非常亲近的朋友。"

"我也是他的朋友。"

"可是你跟他还不够亲近。"

"要什么样的朋友才能算是跟他够亲近的朋友？"沙大老板问。

"其实你也应该知道的，能够让一个男人最不提防的朋友，通常都不是他的朋友，也不是男人。"

"不是朋友是什么人？"

"是情人。"

一个男人的情人，通常都不会是男人的。

沙大老板又傻了："难道你认为柳乘风在这里有一个秘密的情

人？"

这句话问得也是多余的。

一个男人只要在一个地方待上一夜，就可能会有一个秘密的情人了，无论什么样的男人都一样，就连柳乘风都不例外。

问题是，他的情人是谁呢？是不是那个谁都可以勾搭上的杂货店老板娘？

陆小凤心里忽然觉得有点不太舒服，如果他早就想到这一点，就算用一把刀架在他的左颈后的大血管上，他也绝不会碰她一根寒毛的。

沙大老板脸上的表情，居然也像是变得跟他差不多了。

——这是不是因为他和那位风骚老板娘也曾经有过什么纠缠？

想到这一点，陆小凤的心里更不舒服了，因为他已经发觉他的表兄弟远比他想象中的要多得多。

有关柳乘风的死，他所发掘到的线索远比他期望中的少得多了。

他本来觉得每个人都有一点嫌疑的，从任何一个的身上都很有希望能追查到真凶。

可是每一个人的嫌疑都被他自己否定了。

他到这个偏僻的小镇上来，第一个见到的就是小叫花。

小叫花的姓不详，名不详，身世不详，武功不详。一脸鬼鬼祟祟的样子，总是在偷偷摸摸地做一些偷鸡摸狗的事。有时候，甚至会钻到陆小凤的床底下去，也不知道他要找什么。

陆小凤到这里来之后，第一个看到的人就是他，第一个发现柳乘风尸体的人也是他。

他的嫌疑本来是很大的，就算不是主凶，也应该是帮凶。

但他却又偏偏是和陆小凤关系最密切的丐帮嫡系弟子。

柳乘风的尸体在棺材铺里，杀死他的凶器也在棺材铺里。

棺材铺的老板怎么会没有嫌疑？

可是凶器已经不见，想杀他灭口的人却忽然出现了。他的表现看来也绝不像是个杀人的人。

老板娘见人就想去勾搭，人人都可以把她勾搭上，可是偷人并不是杀人。

她的腿也不是那双腿。

王大眼其实只不过是个睁眼瞎子而已，连自己的老婆去偷人都看不见。

如果说这个人能够迎面一刀杀死柳乘风，那才真的是怪事了。

沙大老板是够资格杀柳乘风的人，他有钱，有武功，也有肯替他卖命的人，杀人的凶器也在他那里。

只可惜他还有一点大老板的大爷脾气。

最重要的一点是，这些人都是土生土长在这里的，和柳乘风非但没有丝毫恩怨，根本就连一点关系都没有，更没有要杀死他的动机和理由。不幸的是，柳乘风却偏偏死在这里了。

杀他的人是谁？是为了什么？

陆小凤知道这其中必定有一个任何人都无法想象得到的神秘关键。

隐藏在人类思想的某一个死角中。

他的想法没有错。

只可惜他的思想进入这个死角，找到这个关键的时候，他已经死了。

陆小凤怎么会死？

第六章

冒牌大盗的亡命窝

01

春日迟迟,春天虽然还被留在江南,也不知要过多久才会到这里,可是大地间,多少已经有了一点春意。

从沙大户的庄院回到老王的杂货铺,要走一段很长的黄土路,融雪使沙土变成了泥泞,人走在上面,走一步就是一脚泥。

这种感觉是令人非常不愉快的。

陆小凤又不愿施展轻功,他很想领略一下这种略带凄凉苦涩的荒漠春色,这种清冷的空气,对他的思想也很有帮助。

他很快地就想出了一个两全其美的办法。

找两根比较粗的树枝,用匕首削成两根长短一样的木棍,绑在脚上,当作高跷,就可以很愉快地在泥泞上行走了。

——这是他第一次用这一把匕首。

现在大概是午时左右,风吹在身上居然好像有点暖意,陆小凤心里虽然有很多问题不能解决,还是觉得很舒服。

他绝不是那种时时刻刻都要把钱财守住不放的人,也绝不会把烦恼守住不放。

他常说:"烦恼就像是钱财,散得愈快愈好。"

02

一阵风吹过,路旁那一排还没有发出新芽来的枯树梢头,簌簌地在响。

陆小凤并没有停下来抬头去看,只唤了声。

"金七两。"

"陆小鸟。"

金七两就在树梢下,看来真的就好像七两棉花。

他低着头看着陆小凤,吃吃地直笑。

"其实我不该叫你陆小鸟的,你看起来根本不像一只鸟。"金七两说,"你看起来,简直就像只小鸡。"

陆小凤也笑了。

他自己也觉得自己脚下踩着的那两根木棍,实在很像是鸡脚。

"金七两,你来干什么?是不是来追我的?"陆小凤带着笑问。

"我要追,至少也要追一只母鸡,来追你这只小公鸡干什么?"金七两说,"我是没法子,是被逼得非跑出来不可。"

"谁逼你?"

"人逼不走我,只有气才逼得走我。"

"谁的气?"

"当然是大老板的气。"金七两说,"也只有大老板的气才能逼人。"

"大老板在生气?"

"不但在生气,而且气得要命。"

"他在生谁的气?"

"当然是在生你的气。"金七两说,"他早就已经关照厨房,把酒菜准备好,你却死也不肯留下来吃饭,如果你是他,你气不气?"

"我不气。"陆小凤说,"非但不气,而且还开心得要命。"

"开心?"

"我没有留在他那里吃饭,他的酒也省了一点,菜也省了一点,为什么不开心?为什么要生气?"

金七两苦笑:"大概就因为你不是他,所以才会说这种话,我们这位大老板是个死要面子的人,陆小凤既然已经来到他的地盘,居然不肯在他家里吃一顿饭,这对他说来,简直是奇耻大辱,简直比偷了他老婆还要让他生气,所以这顿饭我也吃不下去了。"

"所以你就只好偷偷地溜出来找我?"陆小凤说,"你是不是想要我请你吃一顿?"

金七两笑了。

"本来是我想请你的,可是如果你一定要请我,我也不会太不给你面子。"

陆小凤也笑了:"本来我是真的想请你的,只可惜这里连个饭馆都没有,我就算想请你也没有法子请。"

金七两立刻抢着说:"有办法,只要你肯花钱,我就有办法,如果连别人的钱我都花不出去,我就不是金七两,而是金土狗了。"

办法果然是有的。

把十两银子交给王大眼,不到一个时辰,酒菜就摆在陆小凤屋里的桌子上了。

03

酒虽然不太怎么样，几样菜却做得非常好，尤其是一样红烧鸡，烧得鲜嫩而入味，连一向非常挑嘴的陆小凤都很满意。

"想不到老板娘居然有这么好的手艺。"

"这不是老板娘的手艺，是王老板的手艺。"

金七两用一种很暧昧的眼神看着陆小凤："而且他好像什么都吃。"

陆小凤只有把眼睛盯着鸡了。

金七两看着他，本来好像已经快要笑了出来，却偏偏故意叹了口气。

"别人在他店里，偷他一个鸡蛋他都看得清清楚楚，偷他老婆他却看不见。"金七两说，"你知不知道这个镇上有一句很流行的俏皮话？"

陆小凤虽然想暂时变成个聋子，却又不能不搭腔。

"什么话？"

"赵瞎子有一双什么都能看得见的贼眼，王大眼却是个睁眼瞎子。"

金七两又故意大笑，就好像他刚刚说的是个天底下最大的笑话，只可惜，他没有笑多久就笑不出了，因为陆小凤已经用一只鸡腿堵住了他的嘴巴。

只要一谈到老板娘，陆小凤就希望能赶快改变话题，想不到这次把话题转开的却不是他，而是金七两。

"陆小凤，我老实告诉你，我们见面的次数虽然不多，可是我一直把你当作我的朋友。"金七两说,"就算你不把我当朋友,我也要把你当朋友。"

他的酒量好像并不太好,喝了几杯酒之后,仿佛已经有了一点酒意。

"我知道你一定觉得很奇怪,奇怪我为什么会逃亡到这里来。"金七两说,"天下之大,我金七两什么地方不可以去,什么地方没有把我当贵宾一样看待的大阔佬?我为什么要到这里来投奔那个狂妄自大、死要面子的活土狗?"

几杯老酒下肚,一股豪气上涌,大老板忽然间就变成了活土狗,这种话陆小凤也听得多了,这种事陆小凤也看得多了。

可是对金七两刚才提出的那个问题,他还是很有兴趣,所以他忍不住要问:"那么你为什么要到这里来?"

"为了一条蛇,一条比赤练蛇还要毒一百倍的毒蛇。"金七两说。

这条蛇虽然不会真的是一条蛇,这个世界上根本就没有任何一种毒蛇,能比赤练蛇更毒一百倍,所以陆小凤立刻就想到了:"你说的这条蛇,大概不是一条蛇,而是一个人。"

陆小凤说:"你说的这个人,大概就是蛇郎君。"

04

蛇郎君的年纪应该不小了,二十五年前,南七北六十三省联营镖局的总镖头"稳如泰山"孔泰山就已经发出武林帖追捕他,而且"格杀勿论"。

这件事是江湖中每个人都知道的。

但大家都不知道的是,孔老总为什么会对一个当时还是刚出道的年轻人如此发火？

可是大家都相信像孔老总这样的人，做事绝不会没有理由的，不管谁能做到"老总"，做事都一定有他的理由，他要杀蛇郎君，一定是因为蛇郎君该死极了。

"这个人不但比蛇还毒，而且比蛇还滑，我盯他已经盯了七八个月，直到最近才听人说他在这条路上出现过。"金七两说，"我也听说这地方有位沙大老板，只要是在江湖上有点名头的朋友，只要到这里来了，不管他身上背着多大的案子，沙大老板都一概收留。"

"所以你就认定那条蛇一定在沙大户那里避仇？"

"无论谁都会这么想的。"金七两说，"你大概也会认为，你要找的那一男一女，一定都是沙大老板收留的亡命客。"

"不错。"

"可是你错了。"

陆小凤立刻问："你怎么知道我错了，你怎么知道我要找的人不在那些亡命客之中？"

"因为他们都认为我真的杀了小小田，都认为田八太爷非要我的命不可，所以什么事都不避我。"金七两说，"他们已经把我看成他们的同类，谁也没想到那只不过是个幌子而已。"

你要杀的是王八，就得把自己先变成王八；你要混入一堆乌龟里去刺探他们的秘密，当然也得把自己先变成乌龟。

"沙大老板总是喜欢很神秘地告诉别人，他家里窝藏着多少个亡命江湖的大盗，偶尔还会假装不小心地透露出几个名字来。"金七两说，"他说出来的名字，的确都是轰动过一时的。"

他说："看见别人听到这些名字之后的反应，沙大老板总是会觉得愉快的。"

陆小凤笑了。

"能够把几个声名赫赫的江洋大盗，窝藏在家里，倒真的是件很过瘾的事。"陆小凤说，"不但他自己觉得过瘾，别人也会觉得他很有面子。"

金七两叹了口气："大老板都是要面子的，只不过这位沙大老板要得太过分了一点。"

"怎么样过分？"

"他要面子，已经要得快要没有面子了。"

"为什么？"

"因为他窝藏的那些大名鼎鼎的巨盗，全都是冒牌货。"金七两说，"这些人知道大老板的脾气，所以就投其所好，有的自称为横行江淮间的某某某，有的打着杀人如麻的某某某的旗号。"

"其实呢？"

金七两苦笑："其实他们全都只不过是些下三流的小贼而已，非但没有蛇郎君那一号的人物，连个像样的角都没有。"

他问陆小凤："在这一群胡说八道混吃混喝的小王八蛋里面，怎么会有你要找的人？"

陆小凤愣住。

听见这种事，他当然也会觉得很好笑，可是现在却笑不出。

这些亡命客，本来是嫌疑最大的，也是他最主要的一条线索，现在线又断了。

杀死柳乘风的凶手，好像已经完全消失，甚至好像根本就没有存在过。

金七两显然很明白他的心情，举起酒杯，自己先干了一杯。

"陆小鸟，你用不着难过，要难过，我比你更难过。"他替陆小凤倒酒，"看来我们都一样，这一次都白跑了一趟，不如一起打道回府吧！"

陆小凤忽然笑了："这地方这么好玩，我怎么舍得走！"

这一次愣住的是金七两。

"你说这地方好玩？"

"当然好玩。"陆小凤说，"好玩极了。"

他说的不是假话。

愈危险愈刺激的事情愈好玩，愈不能解释的问题愈能引起陆小凤的兴趣。

这本来就是陆小凤的一贯作风。

可是他在说这句话的时候，恐怕连做梦都没想到，他很快就会死在这里。

这时候陆小凤既不知道自己会死，也还没有完全绝望。

"除了那一批冒牌大盗之外，别的人难道全都是土生土长在这里的？"

"好像是的。"金七两想了想又说，"好像只有一个人不是。"

"谁？谁不是？"

"宫素素。"

这是陆小凤第一次听见这个名字，这个名字无疑是个很高尚优雅美丽的名字，很能引发男人们的好奇心，任何人都不会把这个名字和一个卖猪肉的女人联想在一起的。

所以陆小凤立刻就问："她是个什么样的人？"

"她是个女人，风度非常好，学识也非常好，见解很独特，谈吐也很优雅，而且琴棋书画无一不精。"金七两故意叹了口气，"她只有一点不好。"

"哪一点？"陆小凤急着问。

"她喜欢喝酒。"金七两慢吞吞地说，"有一次我亲眼看见她一顿饭喝了一坛莲花白，喝完了之后，面不改色。"

他又压低声音，很神秘地告诉陆小凤："如果你要问我，像这么样一个人，怎么能在这种地方待得下去？"金七两说，"那么我告诉你，她并不是自己要到这里来的，而是想走却走不了。"

"为什么？"

金七两的声音压得更低："因为她本来是当朝一位亲贵王爷的爱妃，因为犯事坐罪，触怒了王爷，才被放逐到这里来的。"

陆小凤的四条眉毛，又开始往下垂了，叹着气说："我知道，我知道你是在害我。"

"我在害你？"金七两好像受了很大的委屈，"我怎么会害你？"

"你明明晓得我听到这个地方有这么样一个女人，如果不见她一面，连觉也睡不着的。"陆小凤说，"现在你叫我怎么办？"

"怎么办？好办极了。"金七两说，"你要见她，我就带你去，而且还要叫她请你喝酒。"

他们走出杂货店的时候，老板娘的脸色看起来就好像是块铁板一样，冷冷地瞅着陆小凤，又好像恨不得要把他活活地掐死。

陆小凤连看都不敢看她。

第七章

九天仙子下凡尘

01

竹篱柴扉,半院梅花。从梅花竹篱间看过去,可以隐约看到三两楹木屋。

在陆小凤想象中,一位王妃纵然被谪,住的地方也应该比这里有气派得多。

这位王妃显然不是个讲究排场的人,也不像沙大老板那样死要面子,她只要过得平静舒服,就已经心满意足了。

所以陆小凤还没有见到她,就已经对她非常有好感了。

——一位被放逐的王妃,一身梅花般的冰肌玉骨,一段无人可知的往事,一个永难忘怀的旧梦,多么神秘,多么浪漫。

陆小凤不醉也仿佛醉了,金七两一直在留意看他脸上的表情,忽然叹了口气:"我现在才发觉我根本就不应该带你来的。"金七两说。

"为什么?"

"我真怕你看见她的时候会失态。"金七两说,"在她那种人的面前,你只要说错了一句话,就害死人了。"

陆小凤拍了拍他的肩:"你用不着担心,什么样的人我没见过?"

金七两却还是不放心,还是在叹气。

"我也知道你见过不少人,各式各样的人你都见过,只可惜你现在要去见的根本不是一个人。"

"不是人,是什么?"

"是九天仙子被谪落凡尘。"

02

门檐下有一串铃,铃声响了很久,才有人来应门。

应门的不是童子,是老妪,满头白发苍苍,整个人都已干掉了,嘴里的牙齿剩下来的最多只有三五颗。

金七两却还是很恭敬地对她行礼,很客气地说:"老婆婆,我姓金,我以前来过,我想你一定还记得我,上次也是你替我开门的。"

老太婆眯着眼睛看着他,也不知道是不是还记得他这么样一个人,也不知道有没有听清楚他的话,甚至连是不是已经看见这个人都不一定。

金七两却好像跟她很熟的样子,扳着陆小凤的肩膀,对她说:"这是我的朋友,他叫陆小凤,我是带他来见你们宫主的。"金七两说,"麻烦你去告诉你们的宫主,一定要请他好好地吃一顿,好好地喝几杯酒。"

应门的老太太还是一脸茫然不知所措的样子,金七两却好像已经大功告成了。

他居然对陆小凤说:"陆小鸟,你多多保重,万事留心,我们后会有期。"

陆小凤好像忽然被人用一把锥子在屁股上刺了一下,整个人都好像要跳了起来。

"你的意思是不是说,你现在就要走了?"他问金七两。

"是的。"

"你现在怎么可以走?"

"我现在为什么不可以走?"金七两理直气壮,"你要见宫素素,现在我已经把你带来了,而且已经叫她请你吃饭、喝酒。"

他说:"我已经把答应过你的事全都做到了,此时不走,更待何时?"

他真的说走就走,走得还真快。

老太太还是苦着脸眯着眼挡在门口,连一点让陆小凤进去的意思都没有。

如果挡住门的是一条身高八尺孔武有力的彪形大汉,陆小凤至少有八百种法子可以对付他,可是对一个连牙齿都快掉光的老太太,陆小凤就连一点法子都没有了。

这个老太婆看样子已经是下定决心,不让陆小凤进去了,金七两的话她不是没有听见,就是全部被她当作在放屁。

陆小凤明白这一点。

在这种情况下,每一个识相的男人都应该赶快走的,陆小凤不是不识相,只不过天生是个不到黄河心不死的人。

而且他自认为是个对付女人的专家,女人只要一见到他,就会变得好像猪八戒吃了人参果一样,晕陶陶的,连东南西北都分不出了,从八岁到八十岁的女人都一样。

现在他打起了精神,准备好去对付这个老太婆,心里也已有了成竹在胸。

——要对付老太婆,最好的法子就是把她当成一个小女孩,就正如你在一个小女孩面前,千万不能说她还没有长大。

他当然也早已编好了一套说辞,只可惜连开头都还没有说出来,就被人打断了。

从老太婆的肩膀上看过去，他忽然发现有个人正站在花径的尽头狠狠地瞪着他。

这个人是个女人，年纪大概已经有廿六七岁，以某一种标准看，她的年纪已经不算小了，距离青春玉女的标准已很远。

可是陆小凤确信，这个女人就算在十五六岁的时候也绝不会有人把她看作青春玉女的，因为她天生就带着种老里老气的样子，一张脸总是绷着的，好像天下的人都欠了她的钱没有还。

陆小凤平生最怕的就是这种女人，只要一看见她们就会变得头大如斗。

这个女人却还是在拼命地盯着他看，从头看到脚，从脚看到头，一双又黑又亮的眼睛就像是刚从冰窖里掏出来的两粒煤球。

"喂，你这个人，你是来干什么的？"她问陆小凤，说的一口京片子，居然很好听。

陆小凤已经被她看得头皮发炸，却又不能不回答："我是专程来拜见宫主的，我有个朋友说宫主一定会见我。"

"你那个朋友是什么东西？你又是什么东西？凭什么闯到这里来？"

"我不是东西，我是个人。"陆小凤叹了口气，"这句话我已经不知道跟别人说过多少次了，别人为什么总是看不出这一点？"

"幸好我早就看出来了。"

"看出了什么？"

"看出你根本就不是个东西，所以你最好还是赶快走远一点，免得我生气。"

"我本来是要走的，如果你是宫主，我早就走了。"陆小凤很愉快地微笑着，"幸好我也早就看出来了。"

"你又看出了什么?"

"看出你不是宫主。"陆小凤说,"你全身上下连一点宫主的样子都没有。"

这个女人一张平平板板冷冷淡淡的脸居然被气红了,眼睛里也射出了怒火,就好像煤球已经被点着。

陆小凤却还是要气她。

"其实我并不怪你,你虽然一直在跟我大吼大叫,乱发脾气,我也可以原谅你。"陆小凤的声音里真的好像充满了谅解与同情,"因为我知道一个女人到了你这样的年纪还嫁不出去,火气总是难免特别大的。"

如果陆小凤的反应稍微慢一点,这句话就是他这一生中说的最后一句话了。

一把一尺三寸长的短刀,差一点就刺穿他的心脏。

这把刀来得真快,甚至比陆小凤想象中还要快得多。

那个已经被陆小凤气得半死的女人,本来一直都站在丈余外的花径上,忽然间就到了陆小凤面前,手里忽然间就多了一把刀,刀锋忽然间就已到了陆小凤的心口。

她用刀的手法不但快,而且怪,出手的部位也非常诡异奇特。

这一刀实在很少有人躲得过,所以陆小凤根本连躲都没有躲。

他只不过伸出两根手指来轻轻一夹——

陆小凤的这两根手指,究竟是两根什么样的手指?是不是曾经被神灵降福妖魔诅咒过?手指上是不是有某种不可思议的魔力?

可是江湖中每个人都知道,这两根手指的价值远比和它同样体积的钻石更贵十倍,据说曾经有人愿意花五十万两来买他这两根手指。

因为他只要伸出这两根手指来轻轻一夹,世界上绝没有他夹不住的东西,就算是快如闪电般的刀锋也一样会被他夹住。

据说他的这两根手指已经完全和他的心意相通，已经不知道夹断过多少武林绝顶高手掌中的杀人利器，已经不知道救过他多少次了。

这一次当然也不例外。

03

这一次刀锋当然也被夹住了。

用刀的女人明明看到她手里的刀已将刺入陆小凤的心脏，她对自己的刀法和速度，一向极有信心，这一刀本来就不会失手的。

可是这一刀偏偏刺不出去了，就好像忽然刺进了一块石头，忽然被卡住。

然后她的脸就变成苍白色的了。

她永远也想不到她这一刀能被人用两根手指夹住，而且在一刹那间就被人夹住。

这种事本来是绝不可能发生的。

她用力抽刀，抽不出，她用力往前刺，也刺不进分毫。

这把刀简直就好像在陆小凤的手指里生了根。

她用脚去踢，踢的时候肩不动眼不眨，踢前毫无征兆，用的居然是极难练成的"无影脚"。

于是她的脚立刻就到了陆小凤的手里。

她是天足，没有缠脚，她穿的是一双皮肤一样轻软的软缎绣鞋，如果被一个人紧紧握在手里，那种感觉就好像是赤着脚的一样。

于是她苍白的脸又变成粉红色的了，连呼吸都变得好像有点急促起来。

陆小凤忽然觉得她没有刚才那么难看那么讨厌了，甚至已开始觉得她有一点妩媚,有一点动人。

她的口气却还是凶巴巴的。

"你想干什么?"她问陆小凤。

"我什么都不想干。"

"你为什么要抓住我的脚?"

"因为你要踢我。"

"你放开。"

"我不能放开。"

"为什么?"

"因为我不想被你一脚踢死。"

旁边那个老掉牙的老太婆一直在笑眯眯地看着他们,就好像在看戏一样,陆小凤本来以为她是个哑巴,想不到这时候她却忽然笑眯眯问他:"你不能放开她的脚,难道你想就这么样把她的脚握在手里,握一辈子?"

粉红色的脸更红了,心跳得更快,本来不好看的人愈来愈好看。

就在这时候,花木深处的小屋里,忽有人说:"宫萍,你不要再跟陆公子胡闹了,还是快请他进来吧!"

说话的声音不但高贵优雅,而且温柔甜蜜,说话的是个什么样的人,已可想而知。

陆小凤的脸仿佛也有点红了起来。

把一个大姑娘的脚紧紧地捉在手里,不管在任何情形下,都不是个君子应该做出来的事。

那个没有牙的老太婆却偏偏又在这时候笑眯眯地对他说:"小伙子,如果我是你,我是绝不会松手的,我保证只要你的手一松开,你的肚子马上就会被人踢一脚。"

陆小凤的手还是松开了。

对他来说，肚子上被人踢一脚并没有什么关系，就算踢上个七八脚也不会死，被一个又高贵又美又会喝酒的女人看不起，那才会死人。

老太婆看着他，笑眼旁的皱纹更深："陆小凤，你果然不是东西，现在连我这个已经老得快瞎了眼的老太婆都看出来了。"

宫萍非但没有把她的脚踢到陆小凤的肚子上去，而且仿佛连看都不敢去看他一眼，只是低着头往前走，替他带路。

陆小凤就在后面跟着。

这个世界上有两种女人，一种女人走路的时候就好像一块棺材板在移动一样，另外一种女人走起路来腰肢扭动得就像是一朵在风中摇曳生姿的鲜花。

宫萍是属于第二种的，可是她又偏偏要控制着自己，故意做出很死板的样子来，决不让自己腰肢以下的部分有一点摆动，绝不让跟在她后面走的人看见。

只可惜一个人的体态是无论用什么方法都掩饰不了的，无论任何人都没有法子把一块棺材板变成一朵花，也没有任何人能让一朵花变得像是一块棺材板。

这使得跟在她身后的陆小凤愉快极了，自从来到这个鸟不生蛋的小镇后，他的心情从未如此愉快过。

可是等到他看见宫素素的时候，他的感觉却比真的被人在肚子上踢了一脚还难受。

屋子里没有花也没有燃香，却带着种深山中树木刚刚被锯开时那种特有的清馨芬芳。

一个穿着一件紫罗兰长袍的女人，背对着门，站在一幅《秋狩行猎图》前。

画上画的是一位王者，骑在一匹高大神骏的白马上，弓在手，箭在壶，鹰在肩，氓从在马后追随呐喊，猎犬在马旁跳跃吼叫。

晴空万里，天高气爽，王者的意气风发，流动在纸上。

看画人的身子却单薄如纸。

陆小凤心里在叹息。

他当然已经猜出画上的王者是谁，看画的人当然就是他一心想见的宫素素。

这两个人，一个人在画中，一个人在梦中。旧梦如烟，缠绵如昨，情仇纠结，爱恨交并，画中人纵能忘怀，却叫看画的人怎生奈何？

陆小凤忽然觉得自己实在不该在这种时候来打搅她的，却又偏偏忍不住想要见她一面。

这种感觉使得他恨不得重重地给自己两个大耳光。

等到她转过身来的时候，陆小凤心里只有一种感觉了，觉得自己实在是只不折不扣的傻鸟。

这位宫主绝不是他要来找的人。

她的头发虽然依旧乌黑光亮，身材虽然依旧保持得很好，风姿也依旧还是那么高贵优雅，可是年华早已逝去多时。

她的年纪已经足够做陆小凤的母亲。

像这么样一个女人，无论谁都不会把她和一件凶杀案联想到一起的。

陆小凤却糊里糊涂地就闯到这里来了，而且一定要见她，如果见不到好像就会死一样。

现在陆小凤却连看她一眼的勇气都没有了。

宫素素却在看着他，带着种非常高雅的微笑。

"陆公子，我们素昧平生，从无来往，你一定要见我，是不是有什么特别的事？"

"没有。"陆小凤赶紧说，"连一点特别的事都没有。"

"那么你是为了什么一定要见我？"

陆小凤苦笑。

他心里在问自己——你这只傻鸟，你究竟想要来干什么？

他当然不能告诉别人，他是被"一个朋友"骗来的，更不能说他到这里来是为了调查一件凶案的线索，有时候他甚至连谎话都不会说。

他只能傻傻地站在那里，看起来就像是个刚做错事就被老师抓住的小孩。

宫素素的眼神中忽然充满了同情和了解。

"我明白你的感觉，现在你心里一定觉得很失望，因为你一定想不到我已经这么老了。"她异常温柔地笑了笑，"年纪大了的女人，就和走了味的酒一样，陆公子都不会有兴趣的。"

现在陆小凤简直恨不得挖个地洞钻进去了，或者找个没人的地方，用力把自己的脑袋去撞墙。

这时候金七两如果也在附近，一定会被他用一根很长的绳子吊起来，活活吊死为止。

宫素素又带着笑说："只不过陆公子的大名，我也是久仰的，你既然来了，我也想留你喝杯酒。"她说，"可是我也知道，这顿酒你一定会喝得很难受。"

她实在是个很了解男人的女人，而且非常温柔，这样的女人本来就不多，现在更愈来愈少。

陆小凤忽然抬起头看着她，很吃力地说："我很想说几句话，却不知道是不是应该说出来。"

"你说。"

"不管你的年纪有多大，你都是我这一生中所见到的最温柔最可爱的女人。"陆小凤看着她，"这是实话，不知道你信不信。"

"我当然相信。"宫素素说。

她忽又嫣然一笑："就算你说这些话只不过为了要安慰我，我也宁可相信它是真的。"

陆小凤也笑了，笑容又恢复了他那种独特的愉快和明朗。

"我也希望宫主刚才说的是真话，是真的想留下我来喝杯酒。"

"如果是真的呢？"

"那么我就希望宫主说的不是一杯酒了。"陆小凤说，"能够和宫主这样的美人喝酒，我最少也要喝上个三五百杯。"

宫素素的笑靥上居然仿佛露出了一种少女的红晕，连眼神都仿佛变得更明亮。

"难怪别人都说陆小凤是个可爱的男人，连我这个老太婆看见都喜欢，何况那些小姑娘。"

喝酒无疑是件很愉快的事，所以这个世界上永远都有人喝酒，而且不见得会比不喝酒的人少。

喝酒的人又可以分成两种。

有种人一喝就醉，一醉就吐，满嘴胡说八道，满地乱爬，光着屁股满屋子乱跑，甚至放火烧房子，什么事都能做得出。

有种人却不太容易醉，就算醉了别人也看不出，不管喝了多少，非但不吐不闹不发酒疯，而且面不改色，有时候喝了一点酒之后，比不喝时还清醒得多，连反应都变得比平时快得多。

陆小凤就是这种人。

他自己也不否认，刚到这里来的时候，他的头脑确实有点不太清楚。

——价值连城的波斯宝刀、扑朔迷离的凶杀案，再加上一位充满了浪漫传奇的被黜王妃，他脑袋里就好像被一盆七荤八素的大杂烩塞得满满的，一直等到他一口气灌下七八杯竹叶青之后，才把这些乱七八糟的东西冲干净。

他的思想忽然间就变得清醒了起来，有些他刚才根本没有注意到的事，忽然又在他脑中重现，而且忽然都变得非常重要。

他首先想到的就是宫萍的脚和腿。

他握住她的脚时，就已感觉到她腿上传过来的弹性、劲力和肌肉的跃动。

那时候他就应该联想到紫色长裙下那一双修长而结实的腿。

那时候他就应该想法子看看宫萍的腿。

第一次见到一个女人，就要看她的腿，虽然太过分一点，可是为了一个好朋友的死，再过分一点的事都可以原谅的。

陆小凤又想到了宫素素的声音。

她的声音温柔优雅，只有一个极有教养的名门淑女，声音才会如此动人。

陆小凤第一次听到她的声音，还在院子里的花径上，她的声音却是从木屋里传出去的。

——"宫萍，你不要再跟陆公子胡闹了，还是快请他进来吧。"

那时候他们还没有见面，她怎么知道外面来的是陆小凤？

小屋与花径还有段距离，温柔甜蜜的声音绝不会是大喊大叫出来的。

可是她轻轻地说出来，陆小凤远远地听在耳里，每个字都听得很清楚，说话的人仿佛就在他身边一样。

陆小凤忽然发现那个不是朋友的朋友骗他到这里来，并不是完全没有理由的。

有时候喝一点酒虽然能让人变得更清醒敏锐，只可惜这个时候并不多。

喝酒喝到这种时候，距离喝醉时通常已不会太远。有时明明觉得自己还清醒得像韩信一样，用兵如神，料敌必中，可是忽然间他就又醉得连自己都不知道自己在胡说八道些什么。

陆小凤的情况好像就是这样子的。

宫萍一直在宫素素身边伺候，陆小凤一直在盯着她的腿，宫萍被他看得脸都气白了，陆小凤却还是在贼兮兮地看着她直笑。

"萍姑娘，我猜你穿裙子的时候一定比穿裤子好看，连裙子都不穿的时候一定更好看。"

这是什么狗屁话？

宫萍忽然出手，从缠腰的丝带中，抽出了一柄用极品缅铁打造成的刀，迎风一抖，刀花错落，直刺陆小凤的眼。

有很多人都认为陆小凤的这双眼睛实在是应该被刺瞎的。

如果他瞎了，就没法子再去用他那两根活见鬼的手指头去夹别人的武器了。

如果他瞎了，有很多人的秘密都可以保全，他们那些不愿被人看到的东西，他也没法子看见。

只可惜人生不如意事十常八九，老天做的事通常都不会尽如人愿。

所以陆小凤还没有瞎。

所以他看见了宫萍拔刀时从腰带里跌下的一块玉佩。

看见了这块玉佩，他的脸色立刻就变得像是真的被人刺中了一刀，而且正刺在要害上。

刀锋才只有七寸七分长的短刀，使用的方法和匕首是差不多的，招式变化得极快，出手极凶险，这本来就是使用短兵刃的原则。

宫萍反把握刀，以拇指扣刀环，一刺不中，刀锋横挑，再划陆小凤的脸。

看她手法的变化之快，要在别人脸上画出一个"×"，似乎容易得很，要一刀刺入别人的心脏，也绝不是件太困难的事。

看她出手时那种狠毒老辣，丝毫没有犹豫，这种事以前绝不是没有发生过。

只可惜这一次她这一刀居然划不出去了，甚至想再移动半寸都不可能。

因为她的刀忽然间又被两根手指夹住。

她一直都在提防着陆小凤的这两根手指，有了上一次的教训，她自信这一次绝不会再重蹈覆辙。

可是也不知道是为了什么缘故，这两根手指忽然间又凭空冒了出来，夹住了她的刀，就好像忽然从空气中长出手一样。

更糟糕的是，这一次陆小凤对她没有上一次那么客气了。

他以右手的拇指和食指夹住了刀尖，左手已掐住了她的脖子。

他的脚也在这同一刹那间踩住了她的脚，一下子就把她制得死死的。

宫萍气得眼睛里都好像要冒出火来，却又偏偏一动都不能动。

宫主在叹气了。

"陆公子，我一直听说你是个最懂得怜香惜玉的人，可是现在看你的样子却实在不值得恭维。"她叹着气说，"你实在令人失望。"

陆小凤也叹了口气："老实说，连我自己都对我自己觉得有点失望。"

"依我看来，一个挑粪的，对女孩子的态度都要比你好一点。"

"依我看来，大概还不止好一点，至少也要好七八九十点。"

"那你为什么这样做呢？"宫素素问，"你是不是喝醉了？"

"我没有醉。"陆小凤一本正经地说，"我可以保证，我比世上任何一个挑粪的都要清醒七八九十倍。"

"你这样做，究竟想干什么？"

陆小凤歪着嘴笑了笑："其实我也不想干什么，只不过想请她的裤子暂时离开一下,好让我看看她的腿。"

这是什么狗屁话,简直比天下最臭的狗屁还要臭七八九十倍。

这个人是不是疯子?

他没有疯,快要被气疯的是宫萍。

宫素素用一种非常吃惊的眼色看着他,从头到脚看了半天,才叹着气说。

"现在我总算知道这是怎么回事了。"

"哦?"

"陆小凤是绝对不会做出这种事来的,你却做了出来,所以你根本就不是陆小凤。"

"我不是陆小凤?我是什么玩意呢?"

"你也不是什么玩意儿。"宫素素淡淡地说,"你只不过是个花痴而已。"

她说:"如果有一个女人是花痴,男人也许会特别喜欢,男人是花痴就不一样了,女人看见男花痴,只有用一种法子对付他。"

陆小凤居然还装着很有兴趣的样子问:"什么法子?"

宫主一个字一个字地说:"就是这种法子。"

这句话只有六个字,等到这六个字说完,已经有五样东西往陆小凤身上打了过去。

——一对筷子,一个酒杯,一个小酱油碟子,和一个装汤的大海碗。

碗是最先飞过去的,因为碗里还有大半碗冬笋炖鸡汤,汤碗飞出,汤水飞溅,就算没有溅到陆小凤的眼睛上,也可以挡住他的视线。后面接连而来的攻击,他就看不清楚了。

这一招八股文的"破题",没有学问的人是破不了这个题的。

然后酒杯飞出去,飞出去的时候一个杯子已经碎成了七八十片,就像是七八十件形状不规则的、有棱有角的锋锐暗器。

两支筷子如飞钉，一支钉陆小凤捏刀尖的手，一支钉他的腰眼。

旋转着飞出去的酱油碟还在半空中旋转不停，谁也看不出它攻击的目标，究竟是陆小凤身上的哪一处地方。

碟子是圆的，圆着旋转，谁能看出它的方向？

陆小凤果然没有看错，这位纤弱文秀的垂老王妃，果是一位身怀绝技的高手。

明明是在好几丈之外说话，却能让听的人觉得近在耳边，这绝不是件普通人能够做得到的事。

她这出手一击，更不是普通人能够做得到的。

明明是五样吃饭用的普通用具，到了她手里，就变成了杀人的利器，而且一出手，就把对方所有的退路完全封死。

一个因失宠获罪而被谪的王妃，怎么会有这一身可以在顷刻间杀人的绝技，出手怎么会如此准确老到周密？

这是不是因为她杀人的经验远比任何人想象中都丰富得多？

看她这一次出手，她以前杀人大概是很少会失手的，这一次她出手时当然也有把握。

每一个角度，每一种情况，她都已算得极准，只有一样东西她没有算。

她没有算鸡汤。

人对鸡汤的看法也许各有不同，鸡汤对人却是一律平等的。

鸡汤装在碗里，你喝它是鸡汤，别人去喝它，它也是鸡汤。

鸡汤洒出来，洒得人满眼都是鸡汤，固然可以挡住陆小凤的视线，宫素素的视线也同样会受到影响。

等到鸡汤像满天雨珠一颗颗落下来的时候，宫素素忽然发现陆小凤已经不见了。

陆小凤不见了还不要紧，连宫萍也不见了，甚至连刚才掉在桌子上的那块玉佩也无影无踪。

更要命的是陆小凤一心要看的那两条腿还在宫萍身上。

第八章

玉佩会不会跑

01

一个人要走的时候,有很多东西都可以不必带走的,甚至连他的耳朵、鼻子、眼睛、手臂都可以留下,只有他的两条腿却非带走不可。

没有腿,怎么能走?

这一次宫萍当然也把她的两条腿带走了,可是情形却有点不一样。

这次她没有腿也一样能走,因为她是被陆小凤抱走的。

陆小凤当然不会留下她的这双腿。

他甚至可以让她把她身体上其余的部分全部留下,可是这两条腿却非要带走不可。

对某些女人来说,她的腿甚至比她的头还要重要。

头虽然是人身上最重要的一部分,头上面虽然有脑有脸有眼睛有鼻子有嘴巴有耳朵。

可是在某些女人的观念中,她全身最值得珍惜的地方却不在头上。

02

宫萍把她的两条腿用力绞得紧紧的,她已经下定决心要保护这个地方,宁死也不容人侵犯,宁死也不让她的裤子离开。

只可惜她自己也知道她能够用出来的力气已经不太多了。

因为她在听到她的宫主说"就是这种法子"这句话的时候,她已经发现她身上有四五个虽然不足以致命却可让人很难受的穴道被陆小凤制住。

——一个像她这样的女人,忽然失去了反抗的力量,真是难受极了。

事实上,她在听到"就是"这两个字的时候,她已经被制住。

等到"这种法子"四个字说出来的时候,她的人已经在陆小凤的肩上。

那时候的感觉就好像真的是坐在一只飞舞翱翔于九天中的凤凰上。

她曾经听很多人说,江湖中轻功最好的人是天下第一神偷,随时都可以化身无数的司空摘星,她也曾听到更多人说,新近才崛起江湖的大雪山银狐,在群山积雪中,施展出他的独门轻功时,一泻千里,瞬息无踪,纵然飞仙也不过如此。

当然也有人说,武当的名宿木道人、游戏江湖的老实和尚、眼盲心却不盲的花满楼,都有足以称霸江湖的轻功绝技。

除了剑法已通神,已经根本不需要再施展轻功的西门吹雪外,江湖中最少有十三个人被认为是轻功第一。

这些传说当然不是没有根据的。

可是现在宫萍才知道,这些她本来认为很有根据的传说,所根据的也只不过是一些传说而已。

因为现在她已经知道轻功天下第一的人是谁了，而且是她亲身体会感觉到的，不是听别人的传说。

陆小凤在腾空飞越时，她的感觉简直就好像在腾云驾雾一般。

穿破纸窗，掠过小院，越出柴扉，宫萍的感觉一直都是这样子的。

身体腾立时，那种因为骤然失去重心而引起的缥缈与虚幻；刀锋般的冷风扑面吹来时，那种尖针般刺入骨髓的痛苦，都足以令人兴奋和刺激。

一个本来对自己的力量充满了信心的女人，忽然失去了所有的力量，像一只绵羊入一个饿狼般的男人手里，只有任凭他的摆布。

这种情形当然是非常悲惨的，可是有时候却又会把某一些女人刺激得全身发抖。

速度当然也是一种刺激。

在陆小凤的肩上，在陆小凤飞掠时，宫萍所体会到的每一种感觉，都是一种新奇的刺激，每一种刺激都可以让人冲动，甚至可以让一个最骄傲顽固保守的女人冲动。

每一种刺激都可以激发她身体里那种最原始的欲望。

这种欲望通常都是女人最不愿意让人家知道的，甚至连她自己都不肯承认自己知道。

03

宫萍虽然用尽全力把自己的两条腿夹紧,可是连她自己都可以感觉到她的全身都已虚脱。

她已经廿九岁了。

她已经是个非常成熟的女人,身体上每一个部位发育得都非常良好,而且已经很懂事。

就是因为这个缘故,所以她常常用最艰苦的方法来锻炼自己,使自己的体力消耗。

她当然还要在很冷的晚上洗冷水澡。

——一个二十九岁的女人,如果没有男人,就算她白天很容易打发,可是一到了暮色渐临,夜幕将垂时,她的日子还是很不好过的。

这种情况其实在一个女人十六岁的时候,就已经开始了,到了二十一岁的时候,是一个段落,到了二十九岁的时候,又是一个段落,到了三十五岁时,再成一段落,到了四十五岁时,就可以把所有的段落做一个结算了。

如果没有知情识趣的男人,无论哪一个段落的女人都会觉得空虚痛苦的。

女人的心确实是很难摸得到的,的确就像是海底的针,不但男人的想法如此,女人们自己的想法大概也差不多。

宫萍自己也没有想到自己会在这种时候想到这种事,她只觉得自己在一阵虚脱般的缥缈神思间,做了一个她已经有很久没有做过的梦。

等她清醒时,她就发现陆小凤正在用一种非常奇怪的眼神看着她。

她忽然发现自己的脸在发热。

陆小凤笑了，笑得甚至有点邪气，宫萍的脸更热，心跳也加快。

——这个坏人是不是已经看出了我心里在想什么？

让她更担心的是，这个坏人究竟想对她怎么样？

"宫姑娘，如果你认为我会对你有什么不规矩的行为，那么你就想错了。"陆小凤微笑着道，"你一定要相信我，我一向是个非常规矩的人。"

宫萍本来已经下定决心不跟这个坏人说话了，却又偏偏忍不住。

"如果你真的是个规矩人，为什么要把我绑到这里来？"

这里实在是个很暧昧的地方，四下都看不见人，光线又非常暗。

一个男人如果要欺负一个女人，这种地方是再好也没有了。

在这种情况下，无论什么样的女人都会觉得很害怕的。

如果真的只不过是害怕而已，那也没什么，奇怪的是，除了害怕之外，还觉得有点兴奋刺激。

只有一个非常了解女人的男人，才会了解这种情况是多么有趣。

所以陆小凤又笑了。

"宫姑娘，我第一眼看到你的时候，觉得你实在不怎么样，可是我每多看你一眼，都会觉得你和上次我看你的时候有点不同，看的次数愈多，愈觉得你可爱。"陆小凤说，"我相信，柳先生的看法一定也跟我一样。"

"柳先生是什么人？"

"柳先生现在虽然只不过是个死人而已，可是他活着的时候，却是个很了不起的人。"陆小凤说。

"他有多了不起？"

"至少他绝不会被人迎面一刀刺杀在暗巷中，除非这个人是他很喜欢的人。"陆小凤说，"甚至已经喜欢到可以把他随身佩带的玉佩都送给她。"

"你说的这个'她',好像是在说一个女人?"

"好像是的。"

"你说的这个女人,好像就是我?"

"好像是的。"

"你说的玉佩,好像就是刚才从我身上掉下来的那一块?"

陆小凤叹了口气:"宫姑娘,不是我恭维你,你实在比我想象中聪明得多。"

宫萍也叹了口气:"陆少爷,不是我不肯恭维你,你实在比我想象中笨得多。"

情欲的幻想是很容易消失冷却的,因为它总是来得很快,所以去得也很快。

宫萍的态度和声音都已经变得很冷静。

"我知道你说的柳先生就是柳乘风,你一定以为这块玉佩是他送给我的,所以我和他之间的交情当然很密切,所以他才不会提防,所以我才能用我惯用的短刀将他刺杀于暗巷中。"

她问陆小凤:"你是不是这么想的?"

"是。"

"就因为你这么想,所以才会把我劫持到这里,所以我才会发觉你是个笨蛋。"

"哦?"

"如果我真的杀了柳乘风,我怎么会把他的玉佩放在身上?难道我生怕你不知道我就是杀死你朋友的凶手?"

陆小凤说不出话来了。

宫萍说的话绝不是没有道理的。

可是柳乘风随身佩带的这块玉佩却明明在她身上。

"好,我承认,我是个笨蛋,可是你能不能告诉我,这块玉佩是怎么样会从柳乘风的身上跑到你身上来的呢？"

"又错了。"宫萍用一种已经占尽上风的口气说,"玉佩怎么会跑？"

陆小凤苦笑,玉佩当然不会跑:"那么他的玉佩怎么会在你身上？"

"那当然是有道理的。"

"什么道理？"

"玉佩既然不会跑,我又不会去偷,那么它是从哪里来的？"

宫萍说:"其实你应该明白的,只要你多想一想,一定会明白。"

"哦？"

"一个可爱的女人身上,常常都会有一些来历不明的东西,那是为了什么呢？"

宫萍自己回答:"因为有很多男人,虽然又孤寒又小气,要他请朋友吃一顿饭,简直就好像要他的命！可是碰到一个他喜欢的女人,那个女人就算要他的命,他也会给的。"

"我明白你的意思了。"陆小凤说,"这块玉佩一定是别人送给你的。"

"男人送女人东西,本来就是天经地义的事情。"宫萍冷冷淡淡地说,"我肯把他送的东西收下来,他已经高兴得要命了。"

"对对对！对对对！这个世界上的确有很多男人都是这个样子的。"陆小凤说,"我只不过想知道把这块玉佩送给你的男人是谁？"

"你不会知道他是谁的。"

"为什么？"

"因为我不想告诉你。"

陆小凤非但没有一点要翻脸逼供的样子，甚至连一点生气的样子都没有。

"我明白你的意思了，你不想告诉我，只因为你不愿意，而且不高兴。"他问宫萍，"对不对？"

"对。"

如果一个女人用这一类的话来拒绝一个男人，大多数男人都只有看着她干瞪眼。

宫萍说："天大的理由，也比不上高兴两个字。一个女人要是真的不高兴去做一件事，谁也拿她没法子。"

"你错了。"陆小凤说，"世上既然有这种不讲理的女人，就有专门对付这种女人的男人。"

他很愉快地指着自己的鼻子微笑："譬如说，我就是这种男人。"

宫萍冷笑："你？你能把我怎么样？"

"我当然也不能把你怎么样，最多也只不过能把你的裤子脱下来而已。"

这个法子已经是老套了，而且有点俗气，可是用这种法子来对付女人，却是万试万灵的，不管是什么样的女人都怕这一招。

宫萍脸色已经变了，却还是故作镇静状："你用不着吓我，我也不会被你吓住的。"

"哦？"

"不管怎么样，你至少还是个要面子的人，怎么做得出这种事？"

她一心想用话把陆小凤稳住，想不到陆小凤说出来的话好像比她还要有理得多。

"这种事有什么不对？"他一本正经地问宫萍，"如果你是一个大夫，要看一个病人腿上的伤，你是不是要先把他的裤子脱下来？"

这个问题的答案当然是肯定的。

"我也一样。"陆小凤说,"如果我不把你的裤子脱下来,怎么能看到你的腿?"

宫萍忍住气,她要用很大的力量才能把气忍住:"你是不是大夫?"她问陆小凤。

"我不是。"

"你既然不是大夫,我的腿也没有受伤,你凭什么要看我的腿?"

陆小凤微笑叹气摇头,就好像刚听见一个小孩子问了他一个非常幼稚的问题。

他反问宫萍:"刚才我有没有说过一定要大夫才能看别人的腿?"

他没有说过这种话,而且绝不会说。

"那么我再问你,我有没有说过一个人一定要等到受了伤之后才能让别人看他的腿?"

这种话他也不会说的。

"所以你现在应该已经明白,一个男人如果要看女人的腿,根本不需要任何理由。"陆小凤很愉快地说,"幸好我不是那种不讲理的人。"

宫萍简直已经快要被他气疯了,咬着牙狠狠地盯着他看了半天,还是忍不住要问:"好,那么我问你,你有什么理由?"

陆小凤的态度忽然变得很严肃:"因为我一定要找出杀死柳乘风的凶手,只可惜到现在为止我只找到了两条线索,这块玉佩是其中之一,另外一条线索就是一双女人的腿。"

他当然还要解释:"为了这件事,昨天我几乎已经死了一次,死在一个女人的手里。"陆小凤说,"她的脸是易容改扮过的,让人根本看不出她的本来面目,但却在无意中,让我看见了她的腿。"

"现在你还能认出那双腿？"

"当然认得出。"陆小凤说，"像那样的腿，男人只要看过一眼就不会忘记，尤其是像我这种有经验的男人。"

他的眼睛又开始盯在宫萍的腿上了，就好像这双腿是完全赤裸的。

"你既然不肯告诉我玉佩的来历，我只好看你的腿了。"他又问宫萍，"如果我不把你的裤子脱下来，怎么能看到你的腿？"

宫萍不说话了，现在她已经明白这个疯疯癫癫的陆小凤，既不是疯子也没有喝醉酒，既不是色情狂也不是在开玩笑，他说的是一件凶案，关系着一条人命，不但是一个地位非常重要的人，而且是他的好朋友。

一个像陆小凤这样的男人，在这种情况下，只要掌握到一点线索，就绝不会放手，陆小凤一直在观察着她脸上的表情，这时候才说："如果你明白我的意思，那么你就应该知道你的裤子是非脱下来不可的了。"

这一次宫萍居然没有生气，也没有要翻脸的意思，反而说："是的，我明白你的意思，如果你不是陆小凤，我的裤子恐怕老早已经被脱下来了。"

陆小凤愣住，仿佛还不相信这句话真的从这个女人嘴里说出来。

宫萍当然也看得出他脸上的表情和刚才不同，所以又忍不住要问他："你为什么要用这种样子看着我？"

"因为，我实在想不到你居然是个这么讲理的女人。"

宫萍嫣然一笑。

"女人并不是全都不讲理的。"她告诉陆小凤，"只要你说的真有道理，我绝对口服心服。"

"那就好极了，真的好极了。"

陆小凤确实是觉得真的很愉快，在这个世界上能遇到一个真正讲理的女人，实在是件很愉快的事。

所以他很真心地对宫萍说："如果你能帮我找出杀死柳乘风的凶手，我永远都会感激你。"

"我知道。"

陆小凤当然立刻就要问："你身上这块玉佩是从哪里来的？"

他做梦也想不到宫萍的回答还是和刚才完全一样，还是说："我不想告诉你，我也不能告诉你。"

陆小凤叫了起来："可是你刚刚还说过要帮我忙的。"

"不错，我是说过，而且我一定会做到。"

"你要怎么做？"

宫萍用一种和宫主同样温柔优美的声音对陆小凤说："照现在这样的情形看，我好像只能让你把我的裤子脱下来。"

陆小凤又愣住。

他忽然发现这个女人已经不是他第一眼看到的那个女人，在这段时间，她好像已经变了七八十次，有时变得很刁蛮，有时却又很讲理，有时像个老姑婆，有时像个小狐狸。

陆小凤第一眼看到她的时候，只觉得这个女人连一点可以吸引他的地方都没有，只觉得这个女人最大的长处就是修理男人，所以无论什么样的男人看到她，都应该赶紧快马加鞭逃之夭夭。

可是现在陆小凤的感觉也已经完全不同了。

一个女人如果能在很短的时间里，把自己改变很多次，而且还能够让陆小凤这样的男人对她的感觉完全改变。

这个女人是个什么样的女人呢？

陆小凤后来对他的朋友说："你们都没有看见过她，所以我可以保证，你们绝对猜不出她是什么样的女人。"

这个女人实在跟别的女人有点不一样，也许还不止一点而已。

所以她居然又用一种仿佛是在替陆小凤惋惜的口气说："陆小凤，我知道你十年前就已名满天下，除了你的轻功和你那两根手指之外，你在女人这一方面的名气也是非常大的。"

宫萍说："因为每个人都认为你是一个非常了解女人的男人。"她叹了口气，"可是我现在知道，你对女人了解的程度，并不比一个十四岁的小男孩多多少。"

陆小凤的四条眉毛看起来又有点不太对劲，就算用"吹胡子瞪眼睛"这六个字来形容他现在的模样，也绝不算过分。

他现在会变成这样子，也不过分。

他这一辈子都没有听到过一个女人在他面前说这种话。

宫萍却偏偏还要说下去："我知道你一定不服气的，身经百战的陆小凤，怎么会不了解女人？"

她的声音忽然又变得充满同情："可是你真的是不了解，我一点都不骗你，否则你绝不会对我做这种事的。"

陆小凤也憋不住要问她了："我对你做过什么事？"

宫萍的话是任何一个男人都没有办法反驳的，她说："我死也不肯的时候，你千方百计地要我相信你一定会脱我的裤子。"宫萍说，"我相信了，因为我是个很讲理的人，而且觉得你有道理。"

陆小凤仿佛听到自己含含糊糊地说了一声："我本来就很有道理。"

"所以现在我才会心甘情愿地肯让你脱了，你反而好像忘记了这回事。"

宫萍也学陆小凤刚才那么样摇头微笑叹气："你说，你这是什么意思？"她问陆小凤，"你有没有想到过，这对女人来说，是一件多么大的污辱？"

这句话也是任何男人都不能反驳的。

该做的不去做，不该做的反而偏偏要去做，这算是怎么样一回事？

一个女人当面对一个男人说出这种话，简直就好像当面给他一个大耳光一样。

奇怪的是，陆小凤脸上的表情非但不像是挨一个大耳光，居然还好像觉得很高兴。

"谢谢你。"他对宫萍说，"你真可爱，我真的非要谢谢你不可。"

宫萍又被他这种忽然改变的态度弄得莫名其妙了，所以又忍不住要问："你这是什么意思？你为什么要谢谢我？"

"因为你一直都在鼓励我。"

"我鼓励你？"宫萍说，"我鼓励你什么？"

"鼓励我把你的腿从你的裤子里面解救出来。"

这是什么话？这种话说得简直是"武大郎敲门，王八到家了"。

可是这句话的意思，却又让每一个人都听得懂，而且不管怎么样说，这句话说得至少总比说"我要脱你的裤子"文雅一点。

能够把一件很不文雅的事说得很文雅，也是种很大的学问。

"我本来确实不会做这种事的，连你都承认我是个很要面子的人。"陆小凤说，"可是现在你既然一直都在鼓励我，情况当然又不一样了。"

他的手已经要开始做出那种"不一样"的动作。

在这种不一样的情况下，每个女人都会觉得有一点不一样的。

——也许还不止一点而已。

这时候无疑已经到了一种很微妙又很危险的时候了，在这种情况下，无论什么事都可能会发生。

只要是一个人所能想象出的事，都随时可能会发生。

——你有没有想象出在这种情况下会发生什么样的事？

如果你是一个很富于幻想力的人，那么你所想到的事，一定会让你觉得非常兴奋非常冲动非常刺激。

可是我相信你绝没有想到陆小凤和宫萍此刻是在什么地方。

因为你根本不会去想。

像他们这样两个人，无论在什么地方，都是一样的。

无论在什么地方，他们都一样会做出同样的事来。

所以地方根本是不重要的。

重要的是，他们究竟做出了什么事？结果如何？

他们什么事都没有做，陆小凤只不过碰到了宫萍的腰带，就什么事都不能再做了。

因为就在那时候，他已经听见有人在外面说："她不能告诉你玉佩是谁送给她的，因为把这块玉佩送给她的人是我。"

"我"是谁？

"我相信你现在一定已经知道我是谁了。"这个人说，"就算你现在还没看到我的人，你应该听得出我的声音来。"

陆小凤不能否认，不管在任何情况下，他都能听得出这个人的声音。

因为她的声音之温柔高贵优雅，男人只要听过一次就忘不了，就像是那双又长又直又结实又充满弹力的腿一样让男人忘不了。

这个把柳乘风随身所带的玉佩送给宫萍的人，当然就是那位被谪的王妃。

——宫主只不过是一种称呼而已，这里有什么宫？这种鸟不生蛋的地方会有什么宫？没有宫哪里来的宫主？

可是王妃却是实实在在的。

一个实实在在的王妃和一个浪迹天涯行踪不定，身份又那么神秘的柳乘风会有什么关系？

如果他们丝毫没有关系，柳乘风的玉佩怎么会从她手里送给了宫萍？

如果他们有关系，关系是怎么来的？

谁也不知道这些问题的答案，只不过陆小凤总算知道了一件事。

——宫萍死也不肯说出玉佩的来历，只不过是为了想要保护她的宫主而已。

她不想让她的宫主被牵连到这件凶案里，她们之间当然也有某一种很不一样的关系。

这种关系究竟是什么样的关系，陆小凤非但不会问，连想都不会想。

总是喜欢去揭发别人隐私的人，就好像一条总是喜欢吃大便的狗一样，谁也不知道这些人为什么总是喜欢去探听人家的隐私，也正如谁都不知道为什么狗总是要吃大便。

这种人和这种狗都是陆小凤深恶痛绝的，所以他只问一件事："这块玉佩究竟是怎么来的？"

他只问这一点，因为这一点就是这件凶案最重要的关键。

宫素素并没有拒绝回答这个问题，只不过她的回答也不是陆小凤想不到的。

宫素素的回答，居然也和宫萍刚才说的一样。

"一个女人身上，总是难免会有一些来历不明的东西。"她说，"这些东西当然是男人送的。"

她甚至也和宫萍同样强调："男人送女人东西，本来就是天经地义的事，就连你这种男人，有时候都难免会送女人一点东西。"

他当然会送,不但有时候会送,而且常常会送,什么都送。

只有一样东西他绝不会送。

——死人的东西他绝不会送,尤其这个死人是死在他手里的,如果把这种东西送给一个可爱的女人,不但无礼而且可耻。

如果把这种东西送给一个讨厌的女人,那就愚蠢至极了。

这个世界上能保密的女人又有几个?有经验的男人都应该明白这一点,能够杀死柳乘风的人当然不会没有经验。

如果这块玉佩不是他送的,就是宫素素在说谎。

这道理就好像一加一等于二那么简单。

陆小凤一向很少揭穿女人的谎话,可是他今天实在很想破例一次。

想不到宫素素说的话却又堵住了他的嘴。

"其实就算你不问,我也应该告诉你,这块玉佩是柳乘风自己送给我的。"宫素素说。

"哦?"

"他一到这里,就已经知道我的来历,那一天又恰巧是我的生日,所以他就送了一点礼给我,我也请他喝了一点酒。"

宫素素对陆小凤笑了笑:"第一次到我这里来的人,通常都会带一点礼物来送我的,好像还很少有人例外。"

陆小凤非但说不出话,脸都红了起来。

他非但没有送礼还吃了别人一顿,而且还把别人家里的人绑走,就算是个脸皮最厚的人,也会觉得有点不好意思的,幸好这时候有人替他解围了,宫萍好像正想替他说几句好话。

不幸的是,宫萍的话也没有说出来,因为就在这时候,窗外已经有十几点寒光破窗而入,用不同的力量,在不同的方向,从不同的角度,分别打她身上不同的十几处要害。

这些暗器的光泽和形状也有分别。

这种情况却和赵瞎子那天在他的棺材铺里所遭遇到的几乎完全一样。

不同的是这次宫萍的处境更险。

她已经被制住，连动都不能动。

幸好他们的处境另外还有一点相同之处——他们身边都有一个陆小凤。

宫萍也知道陆小凤绝不会眼看着她死的，可是连她自己都想不出陆小凤有什么法子救她？

她只听见一阵很强劲的风声从她身上卷过去，仿佛还看见了带起这阵劲风的是一件形状很奇怪的软兵器，她非但没有见过，连猜都猜不出。

她只知道这件兵器非常有用。

带着极尖锐的破空声，穿窗而入的暗器其中就有十三四件被卷入这阵劲风，甚至很可能已经被这件奇形的软兵器绞碎。

剩下的还有三两件，只看见陆小凤伸出两根手指像夹苍蝇般一夹，暗器就已到了他手指间。

然后她又听见陆小凤的冷笑："果然又是棺材店的老把戏，玩的还是那几样破铜烂铁。"

宫萍不笨，所以立刻问："你知道暗算我的是谁？"

"大概知道一点。"

"是不是暗算赵瞎子的那两个人？"

"大概是的。"

"你一直在追查他们的下落，既然他们这次又出现了，你为什么不追出去？"

宫萍这个问题问得非常合理，无论谁对这一点都会觉得很奇怪。

陆小凤也应该有很好的理由回答，奇怪的是他只淡淡地说了一句："反正我就算追出去也来不及了。"

这句话也可以算是一句很好的回答，但却绝不像是从陆小凤嘴里说出来的。

陆小凤绝不是这样的人。

明明知道不可能做到的事，他偏偏要去做，这种事他也不知道做过多少回了。这一次是什么原因阻止了他？

宫萍没有再去追究这一点，忽然张大了眼睛，吃吃地说："你……你手上拿着的是什么？"

她当然已经看清陆小凤手上拿着的是什么，一个女人怎么会认不出自己的腰带？

陆小凤却好像忽然变成了一个笨蛋，居然还要解释："这是一条绸布带子，是刚刚系在你身上的。"

宫萍好像也忽然变成了一个笨蛋，居然好像还没有想通刚才飞卷暗器的那件奇形软兵刃就是这条腰带，所以一张脸已经变得绯红。

陆小凤的脸居然也好像有点红了起来。

不管怎么样，这条腰带总是他刚刚从她身上解下来的。

不管是为了什么缘故，这件事毕竟还是发生了，这时候他们两个人的心里是什么滋味？

想不到宫萍却又偏偏在这个时候叫了起来，因为她忽然发现屋子里少了一个人。

"宫主呢？"

"她好像已经走了。"

"什么时候走的？"

"刚才。"

"刚才是什么时候？"

"刚才就是……"陆小凤看看手里的腰带,"就是那个时候。"

这个回答仿佛含糊,却很明确——那个时候就是腰带被解下的时候,也就是宫萍的生死存亡已经在一瞬间的时候。

"你看见她走的?"宫萍又问。

"嗯。"

"你知不知道她为什么要走?"

陆小凤苦笑:"你怎么会问我这句话?我怎么会知道?"

宫萍轻轻地叹了口气。

"你当然不知道,可是我知道。"她看着陆小凤,眼色忽然变得异样温柔,过了很久很久,才柔柔地说,"现在我什么都知道了。"

宫萍究竟知道了什么?

04

宫萍非但不笨,而且冰雪聪明,所以她知道的事居然比陆小凤想象中还要多。

"你不去追暗算我的人,是因为要保护我,不但怕他们再次出手,而且怕别人伤害我。"

"别人是谁?"陆小凤问。

"别人当然就是这些年来一直待我很好的宫素素。"宫萍说,"至少我一直认为她待我很好。"

"她怎么会伤害你?"

宫萍又叹了口气。

"我知道你是故意这么问我的。"她说,"你知道的应该比我多。"

陆小凤既不承认，也不否认，所以宫萍只有自己接着说："我本来也认为她绝不会伤害我，可是现在……"

宫萍迟疑了很久才说："现在我甚至怀疑，刚才暗算我的人，也跟她有关系，甚至很可能就是她买来的杀手。"

"你认为她有理由要杀你？"

"有。"

"有什么理由？"

"我是唯一知道是谁把这块玉佩送给她的人。"宫萍说，"所以她要杀我灭口。"

只有死人才能够保守秘密，自古以来，这就是人类杀人最强烈的动机之一。

陆小凤还有一点疑问。

"既然她明知这块玉佩很可能成为凶案最重要的线索，她为什么要把它送给你？"

宫萍的回答明确而合理。

"第一，那时候她根本想不到有人会不远千里到这里来追查这件凶案，更想不到来的会是你。"

她说："第二，因为她知道这块玉佩是从死人身上取下的，是件不祥之物，刚巧我看到的时候又很喜欢，所以她就乐得做这个顺水人情。"

宫萍说："从这一点，更可证明她不但知道这块玉佩的来历，而且和刺杀柳乘风的凶手，有非常密切的关系。"

现在只剩下一个问题了。

——这块玉佩究竟是怎么来的？

事情已经发展到这一步，这个问题当然很快就有了答案。

宫萍说:"这块玉佩当然不是柳乘风自己送给她的,他至死都把这块玉佩带在身上。"

"那块玉佩是谁送给她的?"

"是沙大户。"

谁也想不到金七两会是个很老实的人,可是陆小凤第二次又证明了他说的都是老实话。

沙大老板收容的那些超级恶棍,果然没有一个是有用的,否则陆小凤想要走入沙大老板的寝处就不是件容易事了。

可是现在他却进出自如,如入无人之境,就算他要睡到沙大老板的床上去,都不会是一件困难的事。

可是我们的这位陆小凤先生毕竟还是个君子,至少比大多数自命为君子的人都要君子得多。

他至少还懂一点礼貌,至少还懂得要走进别人的私室之前,应该先敲门。

何况沙大老板的卧房里好像还有另外一个人的声音——一个女人的喘息声。

对于陆小凤这种男人说来,这种喘息声并不陌生。

对于沙大老板这种男人说来,卧房里本来就应该有这种喘息声的,如果没有才是怪事。

所以陆小凤又站在外面等了半天,等到卧房里的喘息声停止,才开始敲门。

他才敲了两下,沙大老板就在里面开骂了,把什么难听的话都骂了出来,最后的结论当然还是:

"滚,不管你是谁,不管你是来干什么的,最好都给我快滚,免得我把你的蛋黄都捏出来。"

陆小凤没有滚，他还在敲门，"笃、笃笃"敲得很有韵律，很好听。

卧房的门忽然间一下子就被拉开了，一个精赤条条的沙大老板忽然出现在门后面。

没有人能形容他在这一瞬间的表情。

可是我相信有很多人都能够想象得到的，就算不去看也可以想象得到。

陆小凤不愿去想象，也不想去看，他只是用一种很斯文有礼的态度鞠躬微笑。

"抱歉。"他说，"我实在真的是抱歉极了，可是我发誓，我绝不是故意来打搅你的。"

沙大老板的嘴里就好像被塞满了一嘴狗屎，虽然想一下子全都吐到陆小凤脸上去，却又有点不敢。

"更抱歉的是，我既不是鸡蛋，也不是鸭蛋，所以也没有什么蛋黄好被你挤出来。"陆小凤说，"我到这里来，只不过想问你一件事。"

沙大老板终于从嘴里挤出来了三个字："什么事？"

陆小凤伸出了手，在他那名震天下的两根手指间，夹着一条红绳子，绳子上吊着的是一块色泽形状都很好的玉佩。

"我只想问你，你以前有没有看过这样东西？"

沙大老板的回答又让陆小凤吃了一惊，因为他居然毫不考虑地就说："我当然看见过，而且这还是我送给素云宫主人的节礼。"

陆小凤愕住了。

在他来说，这本来是一条极重要的线索，一个极重要的关键，关系着一件极神秘的凶杀案。

想不到沙大老板轻描淡写地就说了出来，而且连一点惊惶的样子都没有。

可是生气的样子他却不止有一点了，他简直已经气得像一个冒烟的火炉。

"如果你就是为了要问我这件事，就三更半夜地闯到我这里来，那么我告诉你，不管你是谁，你恐怕都很难再完完整整地走出去。"

陆小凤苦笑叹气："在这种情况下，我只好再问你一件事了。"

"什么事？"

"这块玉佩本来是不是你的？"

沙大老板居然也毫不考虑地就回答："不是，我常送礼给别人，也常常有人送给我。"

他狠狠地瞪着陆小凤："你是不是还想问我，这是谁送给我的？"

"是。"

"如果我不告诉你，你想怎么样？"

陆小凤又叹了口气。

"那么情况恐怕就很糟糕了。"他用一种很平静的态度告诉沙大老板，"现在如果我把手松开，这块玉佩就会掉在地上，在我说完这句话的时候，我就会把手松开。"

"那又怎么样？"

"也没有怎么样。"陆小凤手指间的玉佩在摇荡，"只不过这块玉佩掉在地上的时候，我保证你已经是个死人了。"

陆小凤一向很少用这种话来恫吓别人，如果他说出这种话，就绝不是恫吓。

沙大老板当然很明白这一点。

他的脸色已经变了，玉佩也将脱离陆小凤的手。

就在这时候，情况忽然又有了极大的改变，陆小凤忽然听见一个女人说："这块玉佩是我送给他的。"

一个女人，赤条条地从沙大老板的被窝里跳了出来，手叉着腰，站在陆小凤面前。

"这是我老公给我的，我喜欢送给谁就送给谁，除了我那个乌龟老公外，谁也管不着，就算我喜欢偷人，别人也管不着。"

她歪斜着一双媚眼："陆小凤，陆大侠，陆公子，你说对不对？你说你能不能管得着？"

她的话还没有说完，陆小凤已经走得连影子都看不见了，就好像忽然看见了个恶鬼一样。

第九章

好快的刀

01

陆小凤找到王大眼的时候,这位绿帽如山的杂货店老板已经喝得烂醉如泥,吐得一身都是,脚上一鞋子都是烂泥,可是他居然就这么样躺在床上呼呼大睡,屋子里的臭气足足可以臭死一条街的人。

像这么样一个又窝囊又邋遢的人,怎么可能是杀人的凶手?怎么可能杀死柳乘风那样的江湖名侠?

陆小凤实在没法子相信。

可是那位赤条条地从别人的被窝里钻出来的老板娘,既然说这块玉佩是"老公"送的,那么陆小凤总不能不来问问这位老板。

不管那位老板娘给他戴了多少顶绿帽子,可是老公却还是只有他一个。

要让一个喝得像死猪一样的人立刻清醒,最好的法子就是把一桶冷水从他头上淋下去,尤其是在这种天气,这种法子更是保证有效。

可是陆小凤却实在有点不忍。

他也知道可怜之人必有可恶之处,但是只要一碰见可怜的人,他的心总是会变得特别软的。

所以他花了很多工夫，费了很多事，才总算把这位王大爷弄醒。

他本来还想等他再清醒一点时再问他这块玉佩的来处，想不到王大眼一看见这块玉佩就叫了起来。

"这是我送给我老婆的，怎么会到你手里了？你最好快一点给我从实招来。"

陆小凤苦笑。

这件事根本就没法子解释清楚的，他也不想解释，所以他只有采取比较简单的一种方法，一种他平常很少用来对付可怜人的方法。

这种方法总是能够很有效地让人不能不说实话，王大眼果然很快就供出了玉佩的由来："这是我花了整整三两银子买来的。"

"谁卖给你的？"

"除了那个小王八蛋之外还有谁？"

王大眼还说："平常这个小王八蛋穷得要死，可是柳大爷一死，他就阔了，我一直怀疑他见财起意，谋财害命。"

不管他说的话是真是假，都要先找到那个小叫花才能证实。

何况这条线追查到这里，已经快追到了，再追下去一定可以追出个头绪来。

所以这个小叫花当然非要找到不可。

王大眼自告奋勇带着陆小凤去找："这个小王八蛋平常窝在些什么地方，没有人比我更清楚，我准能把他找到。"

可是他没有找到，找了七八个地方都没有找到。

这个小王八蛋好像忽然不见了。

02

一个人怎么会忽然不见？

是不是因为有人要让他背黑锅，所以，杀了他毁尸灭迹？

还是因为他自己知道事情已经追到他身上来了，所以只好逃之夭夭？

陆小凤无法确定。

到现在为止，他还没有抓到一点证据，什么事他都无法确定。

陆小凤从来不肯随便下判断，就算他明知道一个人是凶手，在没有找到证据的时候他也不会动的。

无论在任何情况下，他都不愿冤枉好人。

江湖中有很多人都说，他和从前那位在活着的时候就已成为神话般传奇人物的楚香帅有很多相同之处，其实他们相同的地方并不多。

他们根本就是两个完全不同的人。

楚留香风流蕴藉，陆小凤飞扬跳脱，两个人的性格在基本上就是不同的，做事的方法当然也完全不同。

他们两个人只有一点完全相同之处。

——他们都是有理性的人，从不揭人隐私，从不妄下判断，从不冤枉无辜。

所以他们这一生做人都做得心安理得，因为他们问心无愧。

不管怎么样，小叫花现在也已变成了可疑的凶嫌之一了。

如果连他都可能是杀人的凶手，这个小镇上还有什么人是可以信任的？

可是这个小镇上却又仿佛没有任何一个人具有杀害柳乘风的动机和理由，更没有杀他的本事。

他们都是生长在这里的土著，一生从未离开过这地方，以前也从未见过柳乘风。

也许只有一个人是例外。

宫素素。

想到宫素素，就想到了宫萍，陆小凤心里立刻就变得很不安。

宫萍和他分手时，他就有点担心。

她一定要回去找宫素素，他一定要追出玉佩的线索，谁都没有理由阻止对方。

他不放心，只因为那时他已感觉到宫素素是个很危险的人物。

所以现在他也决定要去找宫素素。

03

找人是件很奇怪的事，有时候你不想去找一个人，他总是随时随地都会在你眼前出现，等你要找他的时候就找不到了。

这次的情况又一样。

陆小凤到了宫素素的居处时，那地方已经人影不见，非但宫素素不见了，宫萍也不见了，甚至连那个应门的白发老妪都不见了。

本来布置得很高雅洁净的屋子，现在已经一片凌乱，就好像刚刚有七八十只猢狲到这里来满屋子到处翻跟斗。

陆小凤的心沉了下去，眼睛却又忽然一亮。

他看到了一样东西，屋子里虽然一片凌乱，这样东西还是很刺眼。

陆小凤看到的是个发髻。

一个用一根麻布带扎成的发髻，本来应该是褐黄色的麻布带，已经变成了黑的，也不知道已经用了多久没有洗换过。

本来是黑色的头发，现在却已变成了褐黄色，又是灰尘，又是泥巴，又是油垢，又是沙土，距离上次洗头的日子好像已经有一甲子之久。

这个发髻陆小凤认得。

这个发髻本来应该是在那个小叫花头上的，现在却落在一个破碎的花瓶和一个还没有摔碎的水晶灯罩之间。

这个发髻虽然扎得乱七八糟，可是它断落处却很整齐。

——一个发髻当然不会无缘无故地就从一个人的头顶上掉下来。

它无疑是被人一刀削落的。

陆小凤捡起发髻凝视发根断处，瞳孔忽然收缩。

"好快的刀。"

这么快的刀，是不是已经快得足够能一刀刺穿柳乘风的心脏？

这柄刀是谁的刀？

04

小叫花到宫素素这里来过？被一个年龄身份性别姓名都不详的人一刀削落了他的发髻，然后他的生死去向就没人知道了。

宫素素和宫萍的下落也同样不明，刚才这里发生了什么事，除了他们三个人之外也没有别人知道。

陆小凤手里拿着小叫花的发髻，呆呆地站在那里发了半天愣，忽然想到了一件事。

——不是三个人，是四个人。

除了宫萍、宫素素和小叫花之外，还有那位白发苍苍的老太婆。

——她怎么也不见了？

这么样一个已经老得连腰都直不起来的老太婆，难道也和这件凶杀案件有什么关系？

陆小凤虽然对自己提出了这个问题，可是心里也知道这个问题的答案是他自己绝对找不出来的。

就在这时候，他的瞳孔忽然又收缩。

这一次他并没有看见什么刺眼的东西，可是刺耳的声音同样会刺激到眼睛。

陆小凤听到的声音本来绝不能算是一种刺耳的声音，因为那只不过是一种很微弱的呻吟声。

可是他听起来，却比尖针更刺耳，因为他立刻就听出了这是宫萍的声音。

——宫萍还在这里？为什么会发出如此痛苦的声音，是不是受了重伤？

唯一值得安慰的是，一个人只要还能出声就表示这个人还没有死。

陆小凤深深地吸了一口气，控制住自己的心跳和呼吸。

夜静。

心跳和呼吸声都已被控制得几乎没有声音。

所以等到第二声微弱如平常人呼吸般的呻吟响起时，陆小凤立刻就辨出了它是从什么地方传出来的。

05

天色极暗,因为现在正是黎明前最黑暗的一段时候,而且无星无月无灯。

本来颜色极明媚的小园,现在也像是被泼墨染黑了,什么都看不见。

可是陆小凤还是很快就找到了宫萍,在一个没有别人找得到的地方找到了她。

小园里后墙边摆着七八个养金鱼的大水缸。

京城里的大户人家很少有不养金鱼的,这是一种生活习惯,也是一种派头。

往日的繁华虽然如烟如梦,有些习惯和派头却还是改不了的。

只可惜在这种鸟不生蛋的地方,到哪里去找金鱼?到哪里去找水?所以我们这位昔日王妃的庭园中只得空留下一排金鱼缸。

宫萍就在这排金鱼缸从左数起的第三个缸里。

她当然不是自己愿意躲在里面的,谁也不愿意把自己硬塞到个金鱼缸里。

如果她能够反抗,她也不会被别人塞进去,只可惜她身上多了九根银针,每一根银针都插在她身上一个很重要的穴道里。

最黑暗的时候已经过去,天色已经开始有点亮了,银针在微曦中闪着光。

陆小凤的四条眉都好像皱了起来。

他看得出这些银针是被人用一种极厉害的暗器手法打入宫萍的穴

道的。

在窗外以暗器暗算棺材店老板的无疑也是这个人。

这样的暗器高手,无论在哪一代都不多。

这个人是谁?

银针拔出,宫萍才能开口说话。

"我知道你一定会替我担心,我自己却一点都不担心,因为我自己一直觉得宫素素不能把我怎么样。"宫萍说,"我连做梦都没有想到许老太能一下子就把我制住。"

"许老太是谁?"

"就是那天替你开门的老婆婆。"

陆小凤忽然想起一个人来了,江湖中能用这么厉害的暗器手法伤人的绝不会超过十个人,女的最多只有三两个。

其中有一个不但精暗器、擅易容,而且是个神偷,"三手仙妪"许扒,在她还是"仙姑"的时候就已经名动大江南北。

那个已经老得快要干掉了的老太婆,难道就是昔年那位灵巧如仙子的许仙姑?

她怎么会到这种地方来的?怎么会在一个被逐放的王妃家里屈身为奴?

以她的名气和武功,以她在江湖中的身份和地位,世界上大多数王妃只配替她洗脚。

谁也想不到一个已经被制住七处要穴而且已经被塞入了金鱼缸的人,还有人能把她救出来。

宫萍实在是已经死定了的,宫素素没有杀她,只不过要她多受一点活罪而已。

可是那个小叫花呢？陆小凤问宫萍："你有没有看见那个小叫花？"

宫萍当然看见了他："可是我从来也没有想到他会是这么样一个人，居然会冒险来救我。"

陆小凤显然也被感动了，过了很久才问："他是不是已经遭了毒手？"

宫萍黯然叹息："就算他现在还活着，恐怕也活不长久。"

"为什么？"

"因为他好像知道一件绝不愿意让别人知道的秘密。"宫萍说，"他好像还看到了一件他不该看到的事。"

这件事和这个秘密当然都和柳乘风的死有极大关系。

这是毫无疑问的事，所以陆小凤也没有问，他只问宫萍："现在这个小叫花的人在哪里？"

"他已经被押走了，被宫素素和许老太押走的。"

"她们为什么要把他押走？"陆小凤问，"如果她们要杀他灭口，为什么不索性就在这里杀了他？"

宫萍反问陆小凤："如果你要杀一个人，你愿不愿意要他死在你自己家里？"

"我不愿意。"

"要一个人自己走到别的地方去死，是不是要比把一个死人搬出去容易得多？"

"是的。"

现在陆小凤当然已经明白，小叫花是被宫素素押到别的地方去，灭尸灭口灭迹。

那个地方当然是别人找不到的，因为谁也不知道它在哪里。

陆小凤也一样不知道。

他能够做很多别人做不到的事，他喝酒如喝茶，玩命如玩牌，用两根手指夹别人致命的利器，轻松得就好像一个调皮多情的少女用两根手指去捏她情人的鼻子一样，在生死呼吸之间还能够说一句鸟不生蛋的笑话。

　　可是他毕竟只不过还是一个人，毕竟还有很多事是他的能力所无法达到的。

　　他也从来没有想到一个风筝能够对他有什么启示。

　　在清冷的晨风中，在暗白色的穹苍下忽然有一个风筝飘了起来。

　　一个好大的风筝，大得就像是翱翔在雪山绝岭上的大鹰。

　　在夜色与晨曦的交替中，风筝上忽然闪现出八个用碧磷写出来的大字。

　　"要找祸秧打破鱼缸。"

　　这八个字好像也只不过是个鸟不生蛋的笑话。

第十章

打破金鱼缸

01

如果说"要找鱼秧,打破鱼缸"还算是一句话,就算鱼缸里连个鱼影子都没有,这句话也还说得过去。

"要找祸秧,打破鱼缸"就完全不像话了。

只不过要做这么大一个风筝并不是件容易的事,写这么样八个大字,也要用掉不少碧磷,碧磷也不是很便宜的东西。

有谁肯花这么大工夫,来开这么样一个损人不利己的狗屁玩笑?

陆小凤非但连一点好笑的意思都没有,脸色反而变得严肃起来。

——这个玩笑绝不是个玩笑。

他立刻走过去检查那排金鱼缸,八个金鱼缸的大小形状质料色泽都一样,和他在京城里常常看到的那些金鱼缸也没什么不同,唯一不同的是,这些金鱼缸都已经干得好像老太婆的脸一样,好像都已经起了皱纹了。

他把八个金鱼缸里里外外都仔细看了一遍,除了沙土灰尘外,什么都没有。

宫萍根本没有过去看,却从地上捡起一块石头,用力丢了过去。

——在某一方面说来,女人做事有时确实要比男人直接有效得多。

"当"一声响,一个金鱼缸被砸破了。

——一个空金鱼缸被砸破了之后,你会发现什么呢?

你唯一能够发现的,就是你根本就不应该把这个金鱼缸砸破的。

陆小凤苦笑,摇头:"女人做事就是这样子的,总以为自己做得很聪明很神勇,如果有个女人真的能做出一件让男人佩服的事来,那么这个女人恐怕就不是一个女人。"

宫萍没有反驳他的话,甚至连看都没有看他一眼,好像根本没听见他在说什么。

她一直都在盯着刚才被她打破的那个金鱼缸。

一个空鱼缸被打破之后有什么好看的?

有。

本来是没有的,可是现在忽然有了,鱼缸一破,缸底忽然往下沉,露出了一个地洞。

宫萍慢慢地回过头,用一双好像大白果一样的眼睛瞅着陆小凤慢吞吞地问:"刚才你在说什么?"

"刚才我在说什么?我什么都没有说啊。"陆小凤眼睛也瞪得贼大,"刚才我只不过好像放了个屁而已。"

02

鱼缸底下的地洞,当然是一条密道的入口,如果不是宫萍的运气特别好,一下子就碰对了,那么就是每个金鱼缸底下都有这么样一个入口。

因为缸底的地洞虽小,下去之后地方却很宽敞,就好像是个用青石砌成的小客厅一样。

只不过这个客厅里什么都没有，只有一扇门，铜门。

推开铜门又是一个同样的石室，又有一扇门，只不过除了这扇门之外还有一些很古老的刑具，甚至连在纣桀那个时代里都被视为最残酷的刑具"炮烙"都有。

这些刑具本来只有在传说中才能听到，想不到陆小凤却一下子全都看到了。

他的眼福真不错。

可是他只想吐，虽然只有刑具，没有受刑的人，他还是想吐。

第二道门居然推不开，幸好上面挂着一个牌子，上面也写着八个字："若是君子，敬请敲门。"

于是陆小凤敲门。

在某一方面来说，陆小凤有时候是非常听话的，叫他喝酒，他就喝，叫他敲门，他就敲，尤其是漂亮小女孩的门，他敲得比谁都快，而且敲得比谁都响。

这一次也一样，门一敲就开了，开门的居然真的是个漂亮小女孩。

——最少在廿年前是个漂亮小女孩。

开门的居然是老板娘。

03

陆小凤傻了。

这一次他倒不是被老板娘吓傻的，而是被这石头屋子里的情况吓傻了。

无论谁看见里面的情况，都会像傻瓜一样愣住。

陆小凤第一眼看见的就是那个小王八蛋。

陆小凤本来以为他就算没有死，也已经被人家修理得半死不活了。

想不到现在这个小王八蛋却像是大爷一样，大马金刀地箕踞在一张胡床上，左手按着一个人的脑袋，右手也按着一个人的脑袋。

陆小凤做梦也想不到这两个人的脑袋会被这个小叫花按在手底下。

这两个人赫然竟是财雄势大的沙大户，和昔年名动江湖的三手仙姬许扒。

怪事还不止这一件。

更奇怪的事，棺材店的老板赵瞎子、杂货店的老板许老大，和被谪的王妃宫素素也全在这里，也全都和沙大户一样，做了小叫花的阶下囚。

陆小凤不但把四条眉毛都皱了起来，如果他有八条眉毛也一定全都皱起来了。

"这是怎么一回事？"他想不通。

这件事其实是很简单的。

小叫花只笑，不开口，说话的是老板娘："柳乘风不但是你的朋友，也是我们的朋友，他死得太冤，我们也和你一样，想找出杀他的凶手，为他复仇。"

她说的"我们"，显然就是宫萍、小叫花和她自己。

其余的这些人当然就是被他们认为非常可疑的凶手。

——至少其中有一个是凶手。

"沙大户、赵瞎子、许老大、宫素素，和我这个不争气的老公，都可能是杀死柳乘风的人。"老板娘对陆小凤说，"今天你在沙大户的床上看到我，就因为我一直都想把他捉来问个清楚。"

她叹了口气："我相信你一定也明白，要捉沙大户这种人，只有先上他的床。"

陆小凤本来是一点都不明白的，直到现在，才开始有一点点明白了。

小叫花也开了口："只要一上床，万事都风凉，连沙大户都上了当，何况这个老王八蛋？"

他指了指宫素素和许扒。

"我对付这两个老太婆的情况虽然有点不一样，多多少少还是用了一点美男计。"

陆小凤笑了。

就在他开始笑的时候，就已经笑不出，因为他忽然发现，有两件致命的武器已经往他身上两处要害打了过来，一样是老板娘的手，一样是宫萍的脚。

老板娘十指纤纤，十指尖尖，每个指甲上都套着一种用薄铜打成的指套，锋利如剑。

宫萍的脚上，穿的是箭靴，一脚踢出，碎石如粉。

这两种武器都是女子独用的，就好像某些女人的心一样，又毒又狠，又难猜测。

陆小凤如果不是陆小凤，这一次大概就死定了。

——陆小凤如果不是陆小凤，也不会等到今天才死了，等到今天，他至少已经死了三百七十八次。

有很多人甚至认为陆小凤是死不了的。

直到很久以后陆小凤还说："老实说，我这一生经过的危险实在不少，有很多次的确是差一点就完蛋了，可是最危险的一次，还是那一次。"

他说："因为那时候我实在没想到宫萍和老板娘会杀我，更没有想到她们的出手居然那么狠毒。"陆小凤说，"如果现在你要我在江湖中列举几个武功最高最可怕的女人，我还是会把她们两个人算在里面，因为直到现在为止，江湖中能胜过她们的女人实在不多。"

他说的是真话。

那一次他能够逃过那两招致命的攻击，的确险过剃头。

那一次比陆小凤更吃惊的是老板娘。

她的功夫是经过苦练的，为了练功夫，她的手心和脚心都磨出了老茧。

为了要漂亮，要让男人喜欢，她又花了很大的工夫把这些老茧用药水泡掉。

她真是吃了不少苦，所以她对自己的出手很有信心，虽然她也知道陆小凤是个很难对付的人，却还是对自己很有把握。

可是她立刻就发现自己错了。

因为她这一击，本来是要去抓陆小凤的腰眼，用她手指上五个薄如利刃的指套，去抓陆小凤的笑腰穴。

她抓到的却是宫萍的裤腰。

陆小凤也不知道是用什么法子，忽然一下子就蹿到五六尺之外去了。宫萍的裤腰已经被撕裂，露出了一双腿。

一双修长结实充满了弹力的腿。

一双男人只要看过一次就永远不会忘记的腿。

陆小凤看过这双腿。

在赵瞎子那个棺材铺的后院里，在那一条飞扬的紫色长裙下，他看见的就是这双腿，绝对错不了。

他看呆了。

每一个男人忽然间看到这么样一双腿，忽然从一条撕裂的裤子里露出来的时候，都会看得发一下呆的，只不过陆小凤这一次发呆的原因，和世界上其他大多数别的男人都有一点不一样，这一次他看得呆住，只因为他在和宫萍真正认识之后，就没有想到过那个从想杀他的紫裙老妪长裙下露出来的腿，竟然会是宫萍的腿。

——情感有时候就像是眼罩，常常都会把一个人的眼睛罩住，当然看不见他本来应该看见的事。

幸好现在他看见了，不幸的也是他现在看见了。

在幸与不幸之间，往往是一段空白。

空白的时候，就会发呆。

发呆的时候，就是别人的机会。

忽然间，所有不该动的人，全都动了，明明已经被制住的沙大户、赵瞎子、王大眼、宫素素、许扒，居然在这一刹那之间全都动了，而且动得极快、极准、极狠。

这种快、准与狠，都不是一个生长在这种荒僻小镇上的人所能够做得到的。

一个人的出手，如果能够达到这么快、这么准、这么狠的程度，那么这个人无论在任何一种标准下，都无疑可以列名在江湖中五十高手之林。

"五十"这个数字好像已经很多了，可是如果你算一算这个世界上有多少人混迹在江湖，有多少人想在江湖中挣扎奋斗成名，能够成名的人又有多少。

在江湖中，每天每夜每时每刻，有多少人为了求生求名而做生死之决战，也不知有多少人生，有多少人败，有多少人死，有多少人胜。

如果你能想到这一点，那么你就知道生死存亡胜败，是系于多么微妙的一刹那间。

就在这一刹那间，陆小凤倒了下去。

无论任何人在同一刹那间受到这么多绝顶高手蓄意已久的全力攻击，如果还能够不倒下去，那么这个世界上也就没有会倒下去的人了。

对于一个在江湖中混了很多年，成名也很多年，交友不知其数，结仇也不知道有多少的人来说，倒下去的意思就是死。

陆小凤怎么会死？

04

没有人相信陆小凤会死，就算有人亲眼看见有个人拿一把刀砍在他的脖子上，也不相信这个死不了的陆小凤就会这么一命归西。

可是陆小凤这一次居然真的就这么一命归西。

这是怎么一回事呢？

第十一章

巴山夜雨话神剑

01

春夜、夜雨、巴山。

春夜的夜雨总是令人愁，尤其是在巴山。落寞的山岭，倾斜的石径，泼墨般的苔痕，多少前辈名侠的凄惨往事都已被埋葬在苔痕下，多少春花尚未发，就已化作泥。

春泥上有一行脚印，昨夜雨停后才留下的脚印。

今夜又有雨。

在苍茫的烟云夜雨间，在石径的尽头处，有一座道观，香火久绝，人迹亦绝，昔年的冲霄剑气，如今也已不知有多久未曾再见。

自从昔年以"七七四十九手回风舞柳剑"名动天下的巴山剑客顾道人飘然隐去，不知仙踪之后，他的子弟们也已四散。

这个曾经被醉心于剑的年轻人们奉为圣地的道观，也已渐渐荒冷没落，所剩下的，唯有一些神话般的传说，和台上的一道剑痕空留凭吊而已。

可是近两年来，每当风清月白的夜晚，附近的樵户猎人们，往往可以看到道观里仿佛又缥缥缈缈地亮起一盏孤灯。

有灯，就有人。

是什么人又回到这里来了？为什么？

02

今宵夜雨，孤灯又亮起。一个人独坐在灯下，既不是巴山门下的子弟，也不是道人。

在这个寂寞无人的荒山道观里独居已两年的，居然是个和尚。

一个经常都可以几天不吃饭，几个月不洗澡的邋遢和尚。

这个和尚有时甚至可以经年不说话。

就在这个晚上，这个道观里居然又有两个人来了。

两个人的身材都相当的高，穿着同样的两件黑色斗篷，戴着同样的两顶黑色毡帽，帽檐极宽，戴得很低，掩住了面目。

从倾斜的石径上走到这里来，践踏着不知有多少落花化成的春泥，其中有一个人，显得已经非常累了，另外一个人常常要停下来等着扶他。

远在数十百丈之外，灯下的和尚就已经知道他们来了。

可是和尚没有动。

灯光虽然在闪动明灭，和尚却没有动静，甚至连一点反应都没有，直等到这两个人穿过道观前的院落，来到他这间小屋前的时候，这个和尚却连一点反应都没有，此僧不老，却已入定。

敲门声也没有响应，两个冒雨越山而来的人，只有自己把门推开。

灯光虽不亮，却还是把这两个人照亮了，也照亮了他们在帽檐阴影下的嘴与颔。

两个人的下颌都很尖，线条却很柔和，嘴的轮廓更丰满柔美。

只有女人才会有这么样的嘴。有这么样一张嘴的女人，无疑是个非常有吸引力的女人。

两个美丽的女人，在夜雨中来访巴山，访一个已如老僧般入定的和尚。

她们是不是疯了？是不是有什么毛病？

如果她们既没有疯也没有毛病，就一定有一个非常好的理由，而且一定是为了一件非常严重的事。

——两个漂亮的女人冒雨越荒山来找一个邋遢和尚，会是为了什么事？

——两个女人来找一个和尚，会有什么事发生？

03

还没有老的和尚仍如老僧入定。

走得比较快，体力比较好，身材也比较高的女人伸出一只雪白的手，用一种几乎比舞蹈还要优美的姿势，脱下了她头上的毡帽，顺手一抡，帽上的雨珠洒出，在灯光下看来，就像是一串闪亮的珍珠。

本来被束在她帽子里的长发，就像是雨水般流落下来，又掩住了她的半边面，却露出了她另外半边脸。漆黑修长的眉，明媚的眼，嘴角一抹浅笑，春天真的已到了人间。

和尚眼观鼻，鼻观心，好像根本没有看见面前有这么样一个女人。

可是她对这个和尚好像很熟悉，而且居然还用一种很亲热的态度对他说："和尚，别人都说你老实，世上如果只有十万个人，最少有九万九千九百九十九个人都说你老实。"

这个女人说："可是呀，依我看，你这个和尚，可真是一点都不老实。"

这个女人的体态修长而优雅，而且风姿绰约，每一个动作都温婉柔美，只有出身于非常有教养的高贵之家，才会有如此风采。

可是她对这个又神秘又怪异的穷和尚说话的时候，却忽然变得好像是个整天在和尚庙里鬼混的小尼姑。

和尚也终于忍不住开口："我有哪点不老实？"

"你告诉别人，你要到五台山去坐关，却偷偷摸摸地躲到道士观里来，我上天入地地找你，也找了一个多月才找到。"她说，"你说你有哪点老实？"

和尚叹了口气。

"你找和尚干什么？"他苦着脸说，"和尚又不吃牛肉汤。"

这个女孩子居然就是近年来在江湖中以调皮捣蛋出名的牛小姐"牛肉汤"。

"其实你心里一定也明白，我找你一定不会有什么好事的。"

"阿弥陀佛，佛祖保佑，和尚只希望这次你找我的事不要太坏。"

"非但不坏，而且好极了。"

"哦？"

"这次我找你，是为了成全你去做一件够朋友义气的事，也就是你们说的，去修一场大功德。"

牛小姐说："这种事多做两件，你迟早总会修成一个罗汉的！"

"修成什么罗汉？找鸡罗汉？"

牛小姐的大眼睛眨了眨，吃吃地笑了。

"找鸡罗汉也不错呢！大小总也是个罗汉，也不比降龙伏虎差多少。"

和尚苦笑："牛小姐，你饶了我这一次行不行？你以为和尚真不知道你这次来找我是为了什么？"

"你知道？"

"我用屁股来想也能想得到，一定是你那位陆小鸡又不见了，所以你要和尚去找他。"和尚说，"只可惜和尚这次再也不会去做这种傻事了。"

牛小姐的神色忽然变得沉重了起来，而且还仿佛带有种说不出的焦急和忧虑。

"你没有猜错，陆小凤的确又不见了，只不过这一次和以往都不同。"

"有什么不同？"

"这一次他既没有跟我吵嘴斗气，也不是为了别的女人。"牛小姐说，"这一次他临走之前，还跟我见过一次面，说是为了他一个好朋友忽然失踪，要远赴边陲去找他，而且说不定也会有危险。"

她的样子好像已经快要哭了出来："我本来下定决心要跟他去的，想不到他竟偷偷溜了，一去就再也没有消息，你说急不急死人？"

"不急，一点都不急。"和尚慢吞吞地说，"和尚替他算过命，他死不了的。"

"不管怎么样，你都要去找他。"

"为什么？"

"因为你是他的好朋友。"牛小姐说，"江湖中谁不知道老实和尚是陆小鸡的好朋友，他有了危险，你不去找他，岂非笑死人了。"

这个和尚居然就是佛门中第一游侠，名满天下的老实和尚。

据说他一辈子都没有说过一句不老实的话，可是如果有人一定要逼他说老实话，那个人恐怕很快就再也没法子开口说话了。

据说有一次他在黄河渡船上，遭到盗劫，他说囊空如洗，强盗也信他，等到群盗走后，他却又追上去，承认自己说谎，而把自己身上的一点银钱都交了出来，第二天早上，那批水贼就忽然莫名其妙地死在他们的贼窝里。

有关这位和尚的传闻轶事可真不少，而且都很有趣。只可惜我们这个故事要说的不是他。

牛大小姐要说动一个人，真可以把死人都说成活的，老实和尚却好像连一个字都没听进去。

"不管你怎么说都没有用的，反正和尚这次已经吃了秤砣，铁了心了，说不去，就不去。"

"此话当真？"

"当真。"

"不假？"

"不假。"

牛小姐叹了口气："这么样说来，我只好讲个故事给你听。"

她讲的故事是这样子的："从前有个和尚，别人都说他老实得要命，从来都不沾荤腥，更不近女色，碰到女人，他连看都不敢看一眼！"

"他的确不敢看一眼，因为他一看起来，最少也要看个七八百眼。"

"有一次他居然还跟一个女人谈起情说起爱来了，跟一个叫'小豆'的小女孩子。"

"这个小女孩身世很可怜，是在乐户里长大的，身子又弱，又有病，所以我们这位很老实的和尚就很同情她，可怜她。"

"可怜不要紧，要紧的是，由怜生爱，一爱就爱得没完没了。"

"唯一遗憾的是，他是个和尚，而且是个出名老实和尚，总不能去弄几千两银子来替一乐户女赎身，更不能明目张胆地把她从勾栏院里抢出来。"

"所以这位多情的和尚只好悄然含恨而去，躲到一个他认为别人绝对找不到的地方，去苦苦相思，忏情悔过。"

说到这里，牛肉汤才停顿了一下，盯着老实和尚问："你说这个故事好听不好听？"

听到这里，老实和尚本来已经很憔悴的脸，几乎连一点血色都没有了，过了很久才回答："不好听。"

"我也觉得不好听，"牛小姐说，"像这么悲伤的故事，我也不喜欢听。"

她叹了口气："只不过这个故事却是真的，真有其人，真有其事。"

"哦？"

牛小姐又盯着和尚看了半天，忽然又问："你知不知道这个故事里说的这个和尚是谁？"

"我……我知道。"

"你说出来呀。"

老实和尚额上开始冒汗，却还是挣扎着回答："这个故事里说的和尚就是我。"

牛小姐微笑，叹息。

"不管怎么样，老实和尚毕竟还是不愧为老实和尚，果然是从来不说谎的。"

她忽然把另外一个穿黑披风的女孩拉到老实和尚面前，替她脱下毡帽，脱出了一张清秀瘦弱、楚楚动人的脸，脸颊上已有了泪痕。

"你再看看她是谁？"

老实和尚怔住。

他当然知道她是谁，天荒地老，月陨星落，他都不会认不出她。

——小豆子，怎么会是你？

小豆子的泪也如豆。

看到他们脸上的表情，牛小姐本来想笑的，也笑不出了。

她甚至想走了，走得远远的，好让他们能单独相聚，互相倾诉他们的思念。

想不到老实和尚反而叫住了她："我也有样东西要你看看。"

"你要我看什么？"

老实和尚没有回答，只是慢慢地把他那件破烂宽大的僧袍掀了起来，露出了他的一双腿。

牛肉汤又怔住。

她看见的这双腿，已经不像是一双腿，而像是两根被折断的枯枝，不但瘦弱，简直已干瘪退化。

最让人想不到的是，这双腿的足踝上，还锁着一条极粗大的铁链。

"锁是七巧堂的精品，钥匙已被我抛入绝壑，世上再也没有人能打得开。"和尚说，"山下有个樵夫每天送一碗菜饭来，还有一瓯水。"

牛小姐忍不住问："你为什么要这样做？"

其实她也知道这句话非但不该问，而且问得多余。

——人在巴山夜雨孤灯下，心却在灯红酒绿间的一个可怜的人身边。

他怎么能控制住自己，不让自己去见她？

——一个本来从不动情的人，如果动情，一发就不可收拾，像这种如山洪忽然爆发的情感，有谁能控制得住？

老实和尚毕竟也是人，而且人在江湖，纵然圣贤亦难忘情，何况江湖人？

所以他只有用这种法子把自己锁住,也免得误人误己。

牛大小姐的眼睛也湿了。

在这种情况下,她还能说什么?她只有走,想不到老实和尚又叫住了她。

现在他当然已经不能陪她去找陆小凤,就算他去,也救不了陆小凤。

他只告诉牛肉汤:"陆小凤虽然飞扬跳脱,嬉皮笑脸,有时候甚至满嘴胡说八道,可是有时候他也会说出一两句他的真心话。"和尚说,"有一次他在酒后说出一句话,我至今都没有忘记。"

"他说什么?"

"他说,只有在一个人面前他从来不敢胡说八道。"

"为什么?"

"因为这个世界上只有这个人能杀他,"和尚说,"到了他真正有危险时,也只有这个人能救他。"

"这个人是谁?"

"西门吹雪。"

04

西门吹雪,白衣如雪,他的心也冷如雪。

他这一生好像从未爱过一个人,就算他爱过,也已成为伤心的往事,已不堪追忆。

他没有亲人,没有朋友,甚至连仇人都没有了,除"剑"之外,他在这个世界已一无所有。

像这么样一个人,何者能够打动他?

"我知道有一次他只不过为了要试一试陆小凤的两根手指是不是能夹住他的剑，甚至不惜和陆小凤决生死于一瞬间。"牛小姐说，"他甚至不惜将陆小凤斩杀在他剑下。"

"我也知道这件事。"和尚说，"那一次是在幽灵山庄的事件后，在武当山的解剑池旁。"

"可是他并没有出手。"

"因为那一次他认为陆小凤的心已死，已经等于是个死人了。"

牛小姐黯然："现在陆小凤说不定已经真的是个死人了。"

"可是只要他还没有死，唯一能救他的人就是西门吹雪。"老实和尚说，"和尚从来不说谎，西门吹雪不但剑法第一，他的冷静和智慧也没有人比得上。"

"和尚老实，我信和尚。"牛小姐说，"但是我却不知道要用什么法子才能说动他去救陆小凤。"

"我也不知道。"

"你怎么会不知道？"牛小姐问老实和尚。

"因为根本就没有法子。"和尚说，"就算你能把死人说活，对他也一点法子都没有。"

他用一种虽然非常老实又带着点诡秘的眼色看着牛肉汤，慢吞吞地说："只不过有句话我还是要告诉你，你一定要牢记在心。"

老实和尚说的当然都是老实话，老实话通常都很有用的，牛小姐当然要把每个字都听得很仔细。

想不到老实和尚只说了八个字，每个字都可以把人气死。

"没法子，就是有法子。"

和尚都喜欢打机锋，会打机锋的和尚才是有道理的和尚。

可是在牛小姐的耳朵里听起来，却好像一个人一连串放了八个屁。

第十二章

超级杀手云峰见

01

这时候西门吹雪正坐在山巅一处平石般的青色岩石上,眺望着远方。

黄昏,未到黄昏。

远方烟云缥缈苍茫,什么都看不见,却又什么都看得见。

在一个生命还未开始,或者对生命已完全满足的人看来,那只不过是一片虚无,一片混沌,最多也只不过是一幅图画而已,可以让一个本来已经很愉快的人,在宁静中得到一点享受。

但是在西门吹雪这种人看来,这一片虚无就是生命的本身。

只有在虚无混沌中,他才可以看到很多他在任何其他地方都看不到的事,也只有在此时此地此情,他才能看到自己。

这一点才是最重要的。

近十余年,西门吹雪几乎已经完全没有机会看到自己。

因为他的心与眼久已被一层血所蒙蔽,当然还有一层雪。

冰比冰水冰(注),雪更冰甚冰水。

西门吹雪是个什么样的人?当今天几百几十万个知道"西门吹雪"这个名字的人,又有几个人知道他的出身、他的思想、他的感情,和他的过去?

甚至连他自己都不知道。

当然不是真的不知道,而是已经忘记了。

他怎么忘记呢?

人生中还有什么事比"忘记"更困难?

他要付出多大的代价才能忘记这些事?

西门吹雪忽然想起了陆小凤,此时此刻,他本来不该想起陆小凤的。

不幸的是,人类最大的悲哀,就是人们常常会想一些自己不该想起的人和不该想起的事。

西门吹雪和陆小凤认识几乎已经有二十年了。

二十年,是多么长的一段日子,有的人一出生就死了,有的人出生几天几月就已夭折,在他们说来,二十年,那简直已经是段不可企望的岁月。

在一个新婚不久的妻子说来,如果她的丈夫在他们最恩爱的两三年之中就已死了,那么,二十年,又是种多么不可企求的幸福。

在一个生命已将尽的老人来说,虽然他明知自己活不过二十年,可是,以往的二十年,也会让他永远难以忘怀的。

因为每一个人的生命中,都有他最重要的二十年。这二十年中的每一天,都可能会发生改变他这一生命运的事。

所以,西门吹雪才会想到陆小凤。

他和陆小凤相识已二十年,可是他对陆小凤的了解居然这么少。

他从来都不知陆小凤这个人是在一种什么样的家庭中出生的,也从来都不知道陆小凤这个人是在一种什么样的环境中长大的。

这也许只因为他从来没有想要去知道。

有很多的朋友之间都是这样的，虽然经常相处在一起，却从来都没有想到过要去发掘对方的往事，当然更不会想到要去发掘朋友的隐私。

江湖道上的朋友们，以义气血性相交，只要你今天用一种男子汉的态度来对我，就算你以前是王八蛋，也没他妈的什么关系。

这个世界上，真正的男子汉已经不多了。

如果有人说陆小凤不是条男子汉，这个人最好赶快躲到一个荒山废庙里去求神佛保佑，保佑他不要被陆小凤的朋友看到。

当然更要保佑他不要被西门吹雪看到。

西门吹雪可以为了一个他根本不认得的人，甚至为了一个他根本没有见过的人，披星戴月，奔波数千里，熏香沐浴，斋戒三五日，去为这个不认识的人杀一个从未败过的杀手。

因为他愿意做这件事。

因为他高兴。

这件事是成是败，是胜是负，是生是死，他根本就没有放在心上。

如果他不高兴不愿意呢？

那可就一点法子都没有了，就算你把他所有的朋友都找来，在他的门口排队跪下，他也好像连一个人影子都没有看见。

甚至连为了陆小凤都是一样的。

如果他不高兴不愿意，就算有人把陆小凤当面刺杀在他的眼前，他也看不见。

西门吹雪看得见的，只有他的剑。

02

落日最红的时候，就是它即将沉没的时候。

人呢？人是否也如是？

西门吹雪从来都不去想，人生中总有一些无可奈何的悲伤，为什么要去想？想了又能怎么样？

他只知道现在一定已经有一个人要用一柄他从未看见过的剑，用一种他从未看见过的剑法，来和他决生死于一瞬间。

这不是他的预感。

他仗剑纵横江湖二十年，出生入死无数次，现在他还活着，他当然也和其他那些笑傲江湖的剑客名侠杀手一样，有一种接近野兽般的预感。

可是这一次，他奔波千里，斋戒沐浴，到此山的绝顶上来，只不过因为他有约。

就约在此时，就约在此地。

他并不知道约他的人是谁，可是敢约他来的人，无疑是个非常有分量的人，而且非常有信心，对自己的力量和剑都非常有信心。

这一点是任何人都可以想象得到的。

这个人是谁？为什么要约战剑下从无活口，也从未失败过的西门吹雪？

03

红日初露时,红如害羞少女脸上的胭脂,此时已红如仇人剑下的鲜血。

一个人慢慢地走上山巅来了。

如果他是以轻功飞掠而上的,或者是以青索巧技攀援上来的,这个人都不能算是一个值得注意的对手。

这个人是慢慢走上来,那种慢的程度,就好像一个怕老婆的丈夫在夜归时走回妻子的闺房一样,又轻,又慢,小心翼翼,生怕发出一点声音来,恨不得把鞋子都脱掉。

可是现在走上来的这个人,却穿着一双很重很重的靴子,我们甚至可以说,这个世界上绝对不会再有另外一个人穿靴子比他更重。

这个人穿的居然是一双铁靴子,用纯铁打成的铁靴子。

如果有一个经验非常丰富的老铁匠在这里,要他作最保守的估计,这双铁靴子每只最少也有一个最胖的人一条大腿那么重。

这种重量是很难估计的,可是最少也在九斤半到十三四斤之间。

从中间算,一条腿十斤,两条腿二十斤,穿着一双二十斤重的铁鞋子,大多数人走路的声音都会像打雷一样,何况是在爬山越岭走险坡,何况这个人又是个超级大胖子。

可是这个穿着一双超级铁靴的大胖子,从平地爬上这座高山绝岭来的时候,他的脚步声甚至比一个迟归的丈夫更轻,轻得简直就像一个要到厨房去偷嘴的小丫头。

这个人又高,又大,又壮,又肥,却又偏偏轻如蝴蝶。

这个人肥头大耳,眉清目秀,一脸笑眯眯的样子,看起来就好像弥勒佛一样,可是知道他的人,宁可看到一百个拘魂的恶鬼,也不愿意看到他。

西门吹雪根本就没有回头去看这个人,这个世界上也许还没有一个值得他去看的人。

这个人居然也没有去骚扰他,更没有用那双大铁靴去踢他,只不过从他背上一个包袱里,拿出了一大块卤牛肉,两只烧鹅,十七八条岭南师傅做的叉烧肉,一整只小肥猪,三四十个包子,七八十块猪油冰糖千层糕,摊起一大块布,把这些东西都摆上去,然后就坐在那里。

真的就是那么样坐在那里,既不动手,也不动口,这么样一个大胖子,面对着这么一大堆好吃的东西,他居然就动也不动地坐着,只看,不吃。

西门吹雪也没有动,更没有看,但是却忽然说了句很奇怪的话。

"小瘦子,我知道不是你,所以你今天还不会死。"他说,"可是你今天实在不该来的。"

穿铁靴的人,脸上的肥肉忽然在一刹那间像冒泡的泥浆一样凸了起来,而且一直不停在抖,抖得就像是油锅里的猪油。

他又不是小瘦子,他是个大胖子,如果西门吹雪说的话,是在警告一个瘦子,这个大胖子怕什么?

胖子怕怕,只因为他从小瘦瘦,所以他穿大铁靴,所以他拼命吃一些可以让他胖起来的东西。

他这么样吃,怎么能不胖?

他为了增加他的重量,很小就开始穿铁鞋走路,这么样一个人的轻功如果还不好,还有天理吗?

可是现在他已经不能再胖下去了。

所以他虽然总是随身带着一些他最喜欢吃的东西,也只有看,不能吃。

这个小瘦子,当然就是近两三年才崛起于江湖的超级杀手"大鼓"。

他的肚大如鼓,他的呼吸声如鼓,甚至连他的人都好像一个鼓一样。

像这么样一个臃肿平凡俗气的人,有谁会提防他?

所以在最近这十九个月以来,死在他那一双肥肥小手下的武林大豪,已经比死在西门吹雪剑下的多得多了。

可是西门吹雪却知道这一个人今天到这里来绝不是为了赴约而来。

这个小瘦子肥小胖,就算吃了妖魔教的迷幻药,也不敢来动西门吹雪。

谁敢动西门吹雪?

这个时候绝岭下又有一阵脚步声传上来了,一阵好重的脚步声,就好像有一个八百斤重的大胖子。

穿着一双八十斤重的铁靴子一样。

可是这个人还没有走上来,西门吹雪就知道这个人既不胖,也不重,穿的还是双轻轻薄薄、软软的绣花鞋,听到这个人的脚步声,穿铁靴的人那张紧张的脸立刻就放松了。西门吹雪的眼神却忽然变得红如血,冷如雪。

注(冰比冰水冰)

写武侠小说写了二十三四五六七年,从没有写过"注"。

可是我从小就很喜欢看"注",因为它常常是很妙的,而且很绝,常常可以让人看了哈哈大笑。

譬如说,有人写"××拔剑"之后,也有注,"此人本来已经把剑放在桌上了,等他吃过饭之后,又带在身边,所以立刻可以拔出。"

看了此等注后,如不大笑,还能怎么?哭?

"注"有时也可以把一个作者的心声和学识写出来,注出一些别人所不知而愿闻的事,有时甚至就像是画龙点睛,无此一点,就不活了。

才子的眉批,也常类此。金圣叹批四才子,更为此中一绝。

我写此注,与陆小凤无关,与西门吹雪更无关,甚至跟我写的这个故事都没有一点关系,可是我若不写,我心不快,人心恐怕也不会高兴。

因为在我这个鸟不生蛋的"注"中出现的两个人,在现代爱看小说的人们心目中,大概比陆小凤和西门吹雪的知名度还要高得多。

这两个人当然都是我的朋友,这两个人当然就是金庸和倪匡。

有一天深夜,我和倪匡喝酒,也不知道是喝第几千几百次酒了,也不知道说了多少鸟不生蛋让人哭笑不得的话。

不同的是,那一天我还是提出了一个连母鸡都不生蛋的上联要倪匡对下联。

这个上联是:"冰比冰水冰。"

冰一定比冰水冰的,冰融为水之后,温度已经升高了。

水一定要在达到冰点之后,才会结为冰,所以这个世界上任何一种水,都不会比"冰"更冰。

这个上联是非常有学问的,六个字里的居然有三个冰字,第一个"冰"字,是名词,第二个是形容词,第三个也是。

我和很多位有学问的朋友研究，世界上绝没有任何一种其他的文字能用这么少的字写出类似的词句来。

对联本来就是中国独有的一种文字形态，并不十分困难，却十分有趣。

无趣的是，上联虽然有了，下联却不知在何处。

我想不出，倪匡也想不出。

倪匡虽然比我聪明得多，也比我好玩得多，甚至连最挑剔的女人看到他，对他的批语也都是："这个人真好玩极了。"

可是一个这么好玩的人也有不好玩的时候，这么好玩的一个上联，他就对不出。

这一点也不奇怪。

奇怪的是，金庸听到这个上联之后，也像他平常思考很多别的问题一样，思考了很久，然后只说了四个字："此联不通。"

听到这四个字，我开心极了，因为我知道"此联不通"这句话的意思，就是说："我也对不出。"

金庸先生深思睿智，倪匡先生敏锐捷才，在这种情况下，如果能有一个人对得出"冰比冰水冰"这个下联来，而且对得妥切。金庸、倪匡和我都愿意致赠我们的亲笔签名著作一部，作为我们对此君敬意。这个"注"，恐怕是所有武侠小说中最长的一个了。

第十三章

大鼓与绣花鞋

01

上山来的这个女人,高高瘦瘦的身材,长长的脸,眉和眼都是向上挑起来的,在刚健的英气中又另有一种妩媚。虽然不美,却有魅力。

她身上穿着件很短的银狐披风,露出一双修长的腿,脚上穿的果然是双绣花鞋。

这么样一个苗条的女人,走起路来怎会比"大鼓"的脚步还响?

这个问题的答案只有一个。

——她是故意的,故意在炫耀自己,炫耀她的武功。

她练的是一种很特别的,而且在江湖中绝传已很久的外门功夫,在必要时,甚至可以把自己的身子变得比一个几百斤的大秤砣还重。

这种功夫从来也没有女人练过,更没有女人能练得成。

她一向以此为荣。

她的名字就叫作"绣花鞋"。

这当然不是她的真名,可是认得她的人,谁也不知道她还有什么别的名字。

绣花鞋上山来的时候,也和"大鼓"一样,带着一些很奇怪的东西。

她带的当然不是吃的。

她带来的是一管箫、一个用上好漆器制成的梳妆箱、一副用象牙匣装着的赌具,其中包括了一副骰子、一副牌九和四副叶子牌。

最奇怪的是,她后面还跟着个很漂亮的小男孩,替她挑着一副铺盖棉被。

这么样一个女人,真的是怪异了。

02

西门吹雪极目苍茫,仍未回头,大鼓脸色发青,一双眼睛瞪得就像是两个肚脐眼一样。

——当然是他自己的肚脐眼,除了他这样的大肚子,谁有这么大的肚脐眼?

他们知道这个女人的来历和底细。

——她也是这几年来崛起江湖的有限几个超级杀手之一,只不过她还有一些非但大鼓比不上,别人也比不上的特别本事。

据说她赚的钱,比其他那三四个和她有同样身份的杀手加起来的还多。

这是什么缘故?

看见大鼓,绣花鞋就笑了,笑起来的时候,眼神更媚。

"大鼓兄,别人都说,心宽体胖,你的确是个宽心大量的人,近来的确愈来愈发福了。"

大鼓却在叹气。

"发福有什么用？肥肉卖多少钱一斤？"他说，"要能发财，才是本事。"

"这倒是真话。"

"听说你愈来愈发财了。"大鼓说，"听说连山西那几家大铭号有时都要问你周转点银子。"

"那倒不假，"绣花鞋也叹了口气，"钱多了虽然也麻烦，可是谁叫我天生就会赚钱呢？"

她忽然一本正经地问大鼓："你有没有听说我赚的钱比你们加起来的都多？"

"我听说过。"

"可是你也应该知道，我杀人要的价钱，并不比你们高。"

"我知道。"

"那我赚的钱为什么会比你们多？"

她替自己回答了这个问题。

"因为我不但会赚钱，而且什么钱我都赚。"绣花鞋说，"我不像你们，只肯做天下第二古老的生意，连最古老的一种我都做。"

大鼓故意问："我知道天下第二古老的生意就是杀人，最古老的一种是什么？"

"当然是卖淫。"

绣花鞋面不改色："天下历史最悠久的一种生意，就是卖淫。"

大鼓苦笑，笑得并不像要哭出来的样子，却有点像要吐出来的样子。

绣花鞋却好像一点感觉都没有。

"别人要什么，我就卖什么，要我杀人，可以，一万七千五百两，钱到命除，从不失手。"绣花鞋说，"要我赌钱，可以，我腰里有副牌，谁来跟谁来，只要有钱能输，就是你的钱是刚从祖坟里挖出来的，我也照赢不误。"

"好。"大鼓故意拍手，"有性格。"

"别人要我唱一曲，可以，一曲五千两，钱到就唱。"

"一曲五千，是不是未免太多了一点？"

"不多。"绣花鞋说，"非但不多，还嫌太少了一点。"

"有谁肯花五千两听你唱一曲？"

"这种人多的是。"

"他们是不是有点疯？"

"一点都不疯！"

"你唱的哪一点比别人好？"

"一点都没有！"绣花鞋说，"只不过我这个人跟别的唱曲人有很多点不同而已。"

她问大鼓："你想想，那些一肚子肥油的暴发户们，能请到当今江湖中最成名杀手之一到他们的喜庆堂会上去唱个曲子，是件多么有面子的事。"

大鼓叹气："这倒也是真的。"

"他们给你五千两，你肯不肯去唱？"

"不肯。"

"那么，五千两多不多？"

"不多。"

"所以我比你们赚的钱多，就是天经地义的事了。"绣花鞋说，"何况我还肯陪人睡觉。"

"我看得出，"大鼓苦笑，"你甚至随身都带着铺盖。"

"不错，随身带铺盖，清洁又方便。"绣花鞋说，"你要我陪你睡觉，可以，也是一万七千五百两，钱到裤脱。"

大鼓吃了一惊："睡一觉的价钱也和杀人一样？"

"当然一样。"

大鼓上上下下打量着她，故意摇头："这一点我倒真是看不出。"

绣花鞋也不生气："我明白你的意思，我这个人长得虽然不算丑，可是怎么看也值不了一万七千五百两的，"她说，"只不过……"

"只不过你是大名鼎鼎的绣花鞋。"大鼓抢着替她说下去，"有名的女人，就算长得丑了一点，年纪也老了一点，还是有很多老瘟生冤大头愿意上当。"

"你答对了。"绣花鞋吃吃地笑，"我们也算是同行，如果你要找我，我给你一个九折。"

03

天色渐暗，夜色已临，西门吹雪仍然独坐不动，绣花鞋压低声音问大鼓："那个人是谁？"

"你不知道他是谁？"

"我没注意。"绣花鞋说，"刚才只注意到你。"

"现在呢？"

"一个人既不是石头人，又不是木头人，动也不动地坐在那里那么久，我想不注意他也不行了。"绣花鞋说，"何况，每一次我只要往他那边去多看两眼，就会觉得有点冷。"

"你显然已经注意到他是谁，那么我就有句话要先问你了。"

"你问。"

"你到这里来，是不是有人雇你来杀人的？"

"大概是吧！"绣花鞋说，"那个人付了我一万七千五百两，绝不是要我到这里来陪他睡觉的吧。"

"你知不知道要杀的是谁?"

"不知道。"

"那么你最好还是赶快求个神的好。"

"求什么?"

"求神保佑你,你那个主顾没有疯,要你来杀的人不是他。"

绣花鞋跟着大鼓看过去,那人仍然独坐岩石上。

"为什么不是他?"绣花鞋问,"他是谁?"

"西门吹雪。"

绣花鞋呆了,吓呆了。

西门吹雪?

她从未想到只凭一个人的名字也能让她这么害怕,她这一生中好像从来也没有怕过什么人。

可是现在她却忽然觉得冷得要命。

04

在苍茫的夜色中,西门吹雪的一身白衣看来仍如雪。

就在这时候,黑暗中忽然出现了两盏宫灯,一个人背负着双手,施施然跟在后面走了上来,一身白衣居然也如雪。

提宫灯的两位宫鬟如云的宫装美女,细腰,长腿,仪态高雅,就算不是宫中选出的宫娥,也必定是万夫人训练出来的"职业美人"。

她们不但都有很漂亮的样子,而且还都有一身很不错的身手,否则怎么能在夜晚走上山巅。

……除了这种身手外,别的身手当然也很不错。

所以她们的身价也是非常高的。

跟在她们身后走上来的白衣人,是个白面少年,衣白如雪,面白如衣。

他的腰上,系玉带,佩长剑,剑与玉带,都是价值连城。

绣花鞋又问大鼓:"你看这个人怎么样?"

"这个人真英俊,真好看,不但有样子,而且有气派。"

"而且他还有一样别的东西。"

"他还有钱。"

"对了。"

"所以他就是你的主顾?"

"也对了。"

大鼓苦笑:"碰巧我的主顾也是他,所以我早就在求神了。"

少年微笑。

"幸好我不是要你们来杀西门吹雪的!"他说,"只有疯子才会要你们来杀西门吹雪!"

绣花鞋好像又有点不太服气了。

"难道你真以为西门吹雪是绝不会理的?"她问这少年。

"我不是这意思。"他淡淡地说,"我的意思只不过是说,如果我现在坚持要你们去杀西门吹雪,你们一定会先杀了我。"

他甚至还微微带着笑:"要杀我,当然比杀他容易得多。"

"是的。"

静默已久的西门吹雪忽然说:"杀你容易,杀我难!"他的声音冰冷,"可惜他们也杀不死你!"

"为什么?"

"因为他们只要一出手,就已死在我的剑下。"

"你的剑呢?"

"剑在。"

"我为什么看不见？"

西门不回答，也不必回答，他的剑，为什么要人看得见？

他的剑，谁能看得见？

西门吹雪只问这少年："你说不要他们来杀我，为什么要他们来？"

"因为我要你知道，我是个非常有身份的人，不但能把你约出来，而且还能要这么样两位大名人先开路在这里等我。"白衣少年说，"我知道你的眼睛一向是长在头顶上的，我至少要让你明白我也不简单。"

"你的意思是不是说，你花了很多银子找他们，只不过要我明白你的身份？"

"是的。"

"那么你这位有身份的人，又是来干什么的？"西门吹雪问，"为什么要约我来？"

"你看呢？"

"以我看，以你的武功，只有送死。"

白衣少年大笑："像我这样年少多金，英俊潇洒，又有身份，又有地位，而且还有钱的人，如果连我都想死的话，这个世界上的人恐怕已经死光了。"

这也是真的。

"我到这里来，只不过想要用一用你的剑。"白衣少年说。

西门吹雪沉默。

他沉默，只因为他不知道应该说什么，他沉默很久之后，才能说一句："我的剑是用来杀人的。"

少年时他常说这句话。

少年时，仗剑杀人，纵横江湖，这句话说出来，如金铁交铮，多么有豪气。

此时，此刻，纵横天下事，已成过眼烟云，他再说这句话，只觉俗气了。

可是在白衣少年听来，却还是有豪气的，而且有魅力。

他甚至鼓掌。

"好，英雄的剑，不杀人难道去杀猪杀狗？"白衣少年说，"我要用你的剑，本来就是要请你去杀一个人。"

"杀谁？"

"杀一个想谋害陆小凤的人。"

陆小凤，多少年未见陆小凤了，紫禁之巅那一战至今已有多少年了。

一剑西来，天外飞仙。

昔日的名侠剑客，今日在何处？

西门吹雪眼中非但无泪，眼神反而更冷酷，他冷冷地告诉这个白衣少年。

"如果你要杀一个想谋害陆小凤的人，你就不该来找我。"

"为什么？"

"因为这个人的对象是陆小凤，不是我。"西门说，"这个人和我全无关系。"

他又告诉这少年："你要杀他，只有去找一个人。"

"找谁？"

"陆小凤。"西门说，"你要杀他的对头，当然只有找他自己。"

这不但是真话，而且是至理。

更重要的一点是："陆小凤自己应该能管自己的事，已经用不着我出手。"

"如果这件事是他不能管的呢？"

"那么他就应该去死。"

"如果我一定勉强你去替他做这件事，你是不是就会要我去死？"少年问西门。

"是的。"

"是不是立刻就要我去死？"

"是的。"

西门吹雪的回答永远是这样子的，永远如此简单而直接，正如他杀人的那一剑。

第十四章

小姐与大偷

01

　　白衣少年笑了。西门吹雪如果要杀一个人，就表示这个人已经死定，现在西门吹雪要杀他，他居然还能笑得出，不但笑得出，而且笑得这么愉快。

　　这一点甚至连大鼓和绣花鞋都觉得很奇怪。

　　更奇怪的是，这个看起来总让人觉得有点神神秘秘奇奇怪怪的白衣少年，居然还要说："西门吹雪，你真行，我知道你一向都很行。"他说，"你要杀人，比别人要切一颗萝卜还容易，你要杀我，当然更容易。"

　　白衣少年的笑非但愉快，而且能让别人也同样愉快。

　　"你刚才说过，我的武功很差，大鼓和绣花鞋虽然都是当今江湖中一等一的杀手，可是在西门吹雪面前，他们大概连动都不敢动。"

　　大鼓和绣花鞋既不能，也不敢否认。

　　白衣少年说："在这种情况下，我听见你要杀我，本来应该怕得要死才对，可是我一点都不怕你。"他问西门吹雪，"你知不知道为什么？"

　　西门吹雪看着他，眼神既不冷酷，也不温柔，西门吹雪看着他的眼神,就好像什么都没有看见,就好像在看着一片空无。

"我不怕你,只因为我知道你不会杀我,也不能杀我。"少年居然如此说。

西门吹雪居然也没有拔剑。

"西门吹雪杀人于一瞬间,一瞬间就可以杀人无数,像我这样一个弱小人氏,凭什么会认为西门吹雪不敢杀我呢?"这个奇怪而又神秘的白衣少年说,"我当然是有理由的,至少有好几点理由。"

没有人能想得出他的理由。

西门吹雪要杀人的时候,世界上有什么理由能够阻止他?

可是这个白衣少年居然把理由讲出来了,而且真的有效。

他是怎么讲的?

02

这个白衣少年讲出来的理由,当然是有理由的,而且是别人想不到的理由。

他好像还有很多话要说出来,想不到西门吹雪居然打断了他的话。

"其实你就连一点理由都没有,我也不会伤你的毫发。"

"真的?"

当然是真的,西门吹雪说出来的话,从来都没有人怀疑。

"西门吹雪要杀人,根本不需要任何理由,西门吹雪不杀人,也不需要任何理由。"

"这是真的。"白衣少年说,"我相信。"

"如果西门吹雪要杀你,就算你是个弱女子,就算你是陆小凤的情人,就算你是那个牛肉汤,现在你都已死在剑下。"

"现在我为什么还没有死?"

"因为一个很好的理由,我相信天下再也没有比这个理由更好的理由了。"

"哦?"

"嗯。"

"什么理由?"白衣少年问,"为了什么?"

"因为你虽然不是男人,是个女人,而且就是陆小凤最近最喜欢的那个牛肉汤、牛皮糖、牛大小姐,我却不是西门吹雪。"

这个人说:"我从头到脚,从头顶到脚底,全身上下,绝没有一个地方是西门吹雪。"

大鼓傻呆了,绣花鞋傻呆了,牛肉汤也傻呆了——不管她是不是牛肉汤,她都傻呆了。

何况她真的就是牛肉汤。

她知道西门吹雪是个什么样子的人,这个人刚才的样子,就是西门吹雪的样子,孤独、寂寞、冷。

如果你认为用这五个字描述西门吹雪还不够,一定要用十三个字才够,那么这十三个字就是除了孤独、寂寞、冷这五个之外,再加上八个字。

骄傲、骄傲、无情、无情。

这个人刚才看起来就是这样子的,可是现在却好像不一样了。

天上地下,独一无二的西门吹雪;天上地下,独一无二的剑神。

这么样的一个人,怎么会说出这种话来?如果西门吹雪需要一个人死,这个人怎么还能活到现在?

"现在我知道了,你绝不是西门吹雪。"牛小姐盯着这个人问,

"如果你不是他,你是谁?"

她相信这个人就是西门吹雪,只因为她已经从这个人身上感觉到西门吹雪那种独一无二的孤高和萧索,也已感觉到那种独一无二的凌厉剑气。

除了西门吹雪自己之外,还有谁能给别人这种感觉?

"西门吹雪的脸,本来就像死人一样,非但苍白得没有一点血色,而且连一点表情都没有。"牛小姐说,"最重要的一点是,大多数人只要远远地看见一个穿一身白衣如雪的白衣人,而且还带着一把长而狭的乌鞘剑,他的腿就发软了,哪里还敢去看这个人的脸?"

她的结论是:"所以在理论上来说,要假扮西门吹雪,并不是件很困难的事。"

这种理论是正确的,只不过理论和事实通常还有一段距离。所以牛小姐又说:"事实上要扮成西门吹雪却是一件非常困难的事。"

"为什么?"

"因为他的剑气和杀气。"

——无论谁只要一看见西门吹雪,立刻就会感觉到他那种凌厉迫人的剑气和杀气,而且立刻就会被震慑。

"所以这个世界上能改扮成西门吹雪的人并不多,以我的看法,好像还不会超过三个。"

"哪三个?"

"西方玉罗刹、陆小凤,和司空摘星。"

牛小姐说:"西方玉罗刹就是那个西方魔教的教主,司空摘星就是那个小偷,陆小凤当然就是那个长着四条眉毛的陆小凤。"

"自从银钩赌坊那件事后,西方玉罗刹好像从未再出现过。"这个白衣人说,"何况他本来就很少在江湖中出现。"

"好像是的。"

"所以我当然不会是他。"

"好像不会。"

"我当然也不会是那个超级混蛋陆小凤。"

"我看你也不像！"

"所以我恐怕就只有是司空摘星了。"

"恐怕是的。"

这个白衣人长长地叹了口气："你的眼力好像还蛮不错，只可惜你还是弄错了一件事。"

"什么事？"

"司空摘星不是小偷，是大偷，超级大偷。"

"不但是超级大偷，而且好像还是偷王之王。连陆小凤看见他都头大如斗。"牛小姐说，"能够让陆小凤爬在烂泥里去挖六百八十条蚯蚓的人，除了他好像还没有第二个。"

司空摘星大笑，刚才那种令人不寒而栗的杀气，已完全消失无踪。

直到现在，牛小姐才相信陆小凤说的话，这位偷王之王，实在是个天才，实在是扮什么就像什么。

陆小凤曾经告诉过她："我曾经在一个叫作'幽灵山庄'的地方，看见过一个人能把自己改扮成一条狗，可是这个人却说，他的本事还比不上司空摘星的三分之一。"

大鼓和绣花鞋也傻了。

他们虽然已听见过司空摘星的名字，偷王之王在江湖中名声之响亮，并不比西门吹雪差多少。

可是他们想不到这个偷王居然却改扮成剑神，而且能骗过他们。

他们也懂得易容术，干他们这一行的人，没有不懂易容术的。

这本来就是一个要做职业杀手的人，最基本的条件之一。

可是他们想不到一个人竟能在一瞬间把自己的气势和声音完全改变。

要改变一个人的容貌不难，要改变他的声音就难了，他一定要先学会传说中那种可以控制喉咙肌肉的本事。

所以大鼓什么话都没有说，从身上掏出一沓银票，用双手送到牛小姐面前，摆在地上，然后就像一只肥肥胖胖的蝴蝶一样飞走。

绣花鞋也没有说话，也走了，走时的脚步声当然要比来时轻得多。

司空摘星带着笑看她走，忽然问牛小姐。

"你为什么不留下她？"

"我为什么要留下她？"

"因为她好像还有一样东西忘记还给你了！"司空摘星看着大鼓留下来的银票，"这一类的东西，通常都不大容易被人忘记的，就算她忘记，你也不该忘记。"

他解释："因为你们都是女人。"

"我对女人的经验虽然没有陆小凤那么多，可是也不算太少。"司空摘星再补充说明，"根据我的经验，金银珠宝这一类的东西，一到了女人手里，就好像一坛三十年陈的女儿红到了陆小凤肚子里一样，再想要他吐出来，恐怕比登天还难。"

"这一次你错了。"牛小姐说。

"哦。"

"就因为我是女人，所以我才没有留下她。"

"为什么？"

"因为我忘记了，"牛小姐笑得像一朵纯洁的小百合，"因为我根本就忘记了把银票给她。"

"你没有忘记给大鼓，却忘记给她？"

"嗯。"

"为什么?"

"因为她是女人,我也是女人。"牛小姐说,"别人却以为女人只提防男人,那是错的。"

"这就对了。"

——女人对女人总是比较了解得多一点的,对不对?

"现在我只有一件事不明白了,"牛肉汤问偷王,"你能不能告诉我?"

"能。"

司空摘星说:"我虽然不是陆小凤,可是我也不大会拒绝像你这么漂亮可爱的小女孩。"

牛肉汤笑:"你至少还有一件事跟他一样,你的嘴也跟他一样甜。"

——你尝过他的嘴,你想尝尝我的嘴?

牛小姐不但漂亮可爱,而且聪明,像陆小凤和司空摘星这种坏男人,心里想做什么事,不必等到他们说出做出,她已经知道。

所以她根本不让这个坏男人有开口的机会,立刻又抢着说:"我要老实和尚替我写的那封约战西门吹雪的信,你怎么会看见的?"

"你怎么知道我看见过?"

"如果你没有看见,怎么会冒充西门吹雪到这里来?"

"这道理好像很简单的样子。"司空摘星在叹气,"我相信你一定认为事情一定就是这样子的。"

他这口气叹得真长:"只可惜这次你错了。"

"难道事情不是这样子吗?"

"不是。"

"不是这样子,是什么样子的呢?"

"这问题现在我还不想回答你。"司空摘星说,"现在我只想喝一碗又滚又烫的大碗牛肉汤。"

"而且还要是我亲自炖的。"

司空摘星大笑:"这次你对了。"

03

牛肉汤端上来了,果然又滚又烫,而且是用特号大碗装上来的,汤已经炖得比米汤还浓,汤里的肉是用牛身上三个最精彩的部分集合到一起炖的,牛是一条最精彩的牛。

像这么样一碗牛肉汤,如果配上两三个硬面馍馍、一碟云南大头菜,再配上一碟兰花豆腐干和一包花生米来下山西老汾酒,就算有人用两百八十六样菜的满汉大全席来换,你也会说:"不换。"

当然是不换的,换了就是乌龟了。

司空摘星不是乌龟,也不是王八,司空摘星是吃客,是行家,而且是个大行家。

他喝了几口汤,吃了几块肉,就闭上眼睛,从鼻子里慢慢地吐出了一口气。

"腱子肉,小花卷腱子肉,三分肥的牛肋条,再加上一点白腩和牛筋。"司空摘星叹着气问牛小姐,"这条牛更精彩了,是不是从小用酒拌小麦喂大的?"

"是。"

"这碗牛肉汤是不是已经炖了四五个时辰?"

"是。"

"可是我刚坐下,你的牛肉汤就端上来了!"

"我要去求人时,牛肉汤总是早就准备好了的,"牛小姐说,

"因为我外婆常常对我说的一句话,我从来也没有忘记过。"

"她说什么?"

"她常常告诉我,要去抓一个男人的心,最快的一条路就是先打通他的肠胃。"

"她说得好,"司空摘星大笑,"你外公一定比这个世界上大多数男人都有福气!"

牛小姐嫣然:"他也比这个世界大多数男人都胖。"

司空摘星笑,牛小姐也笑,两个人的笑声忽然又停顿,你看着我,我看着你。

先开口的当然是司空摘星,因为他已经喝过牛肉汤。牛肉汤通常都不是可以白喝的。

"西门吹雪是个什么样的人,你也应该知道。"他问牛小姐,"他的信是不是别人可以看得到的?"

"不是。"

"所以我根本没有看见那封信。"司空摘星说,"我只不过看见一个和尚,一个不老实的老实和尚。"

牛小姐笑:"那个和尚好像真的有点不太老实。"

"可是那个和尚比你聪明。"

"他哪点比我聪明?"

"他知道西门吹雪看到那封信之后,那封信立刻就会变得像一个想自杀的女人的心一样。"

"这是什么意思?"

"一个女人为什么想自杀?"

"因为她的心已经碎了,被一个男人撕碎了。"

"那封信也一样。"司空摘星笑,"那封信一定也被一个男人撕碎了,那个男人就是西门吹雪。"

牛小姐也笑，她不能不笑。

"那个和尚算准西门大剑客绝不会去赴一个无名小子的约，因为那位大剑客的眼睛一向是长在头顶上的。"

"那位大剑客如果常常赴这种约，恐怕连生孩子的时间都没有了。"

"既然他不来，所以你就来了？"牛小姐问司空摘星，"可是你为什么要来呢？"

"因为我是陆三蛋的朋友，西门吹雪不去救他，我当然要去。"

"陆三蛋？"牛小姐奇怪了，"陆三蛋是谁？"

"陆三蛋就是陆小凤。"司空说，"因为他不但是个混蛋，而且是个穷光蛋，有时候他甚至还是个笨蛋。"

牛小姐想笑，却没法笑。

"这一次你又错了。"她一本正经地告诉司空摘星，"陆小凤绝不是一个蛋，不管他是什么东西都有可能，我都可以保证他绝不是一个蛋。"

"为什么？"

牛小姐又笑了。

"你有没有看见过一个长眉毛的蛋？"她问司空摘星，"你有没有看见过一个蛋上长着四条眉毛？"

司空摘星从来都不会投降的，就算要和陆小凤比赛翻筋斗，他也不投降。

可是这次他投降了。

第十五章

角落里的神秘夫妻

01

西门吹雪从来也没有吹过雪,无论落在什么地方的雪,他都不会去吹的,这个世界上大概没有一个人会去吹雪。

西门吹雪吹的是血。

他剑上的血,仇人的血。

盆里的水还是温的,还带着栀子花的香气。

西门吹雪已经把他自己全身上下每一寸地方都彻底洗过。

现在他正在更衣束发,修剪指甲。

他已经为自己准备了一套崭新的衣服,从内衣袜子到外面的长衫都是白的,白如雪。

他甚至已齿戒了三天,只吃最纯净简单的食物和纯净的白水。

因为他认为现在要去做的事,是最神圣也最圣洁的一件事。

他要去杀人。

02

状元楼是这个地方最大的一个酒楼，生意最好，人最多，最热闹，也最吵。尤其是在"饭口"。

"饭口"的意思，就是大家都要吃饭的时候。

现在正是饭口，状元楼上本来吵得就像是一大锅糖炒栗子。热闹得就像是一大锅什锦大锅菜，可是现在却忽然静了下来。

因为楼梯上有两个人上来了。

第一个走上来的人，是个美得有点野的大姑娘，健康，结实，满身都充满了弹力和野性，却又野得好看得要命。

这么样一个女人，本来应该是很受人注意的，不管在什么地方出现都一样。

可是今天却不一样，今天在这个酒楼上的人，居然好像连看都没有看她。

因为第二个走上来的人在一瞬间就把每个人的目光都吸引过去了。

这个人的脸苍白瘦削冷漠而骄傲，一身白衣如雪。

这个人的身上仿佛带着种比冰雪更冷的寒气，可以把每个人的声音和笑容都冻僵。

这两个人当然就是司空摘星和牛肉汤。

司空摘星不管在什么地方出现都不会受人注意的，他根本就不喜欢被人注意。

他只喜欢在没有任何人注意的情况下，安安静静地去做他要做的事。

他要去做的事通常都是"偷"。

一个总是会受人注意的人，怎么能去偷？怎么能做到偷王之王？

一个总是受人注意的人如果专去偷，那么他现在就不会出现在一个灯光通明的酒楼上了，因为他现在早就已经躺在一间又狭又小又黑暗的牢房里，希望明天早上能有一点阳光从那离地很高的小窗户照进来，好让他抓臭虫，捉虱子。

一个自称在这一方面很有经验的人曾经说，如果你身上只有两三个虱子，会把你咬得痒得要命，痒死为止。可是你身上如果有两三百个虱子，随便它们怎么咬，你都不会痒，就算它们全都用力咬，你也连一点痒的感觉都没有。

你信不信？

司空摘星本来是不是个受人注意的人？谁也不知道，因为谁也没有看过他本来的样子。

大家只知道，平常他不管在什么地方出现，都是一副爷爷不疼姥姥不爱的样子，就算他跪下来求人多看他一眼，也没有人要看。

可是今天不一样了。

今天他不是那些让人连看都懒得去看的讨厌鬼可怜虫，今天他也不是司空摘星。

今天他甚至可以说什么人都不是，因为今天他是西门吹雪。

天上地下，独一无二的西门吹雪。

天上地下，独一无二的剑。

03

剑在腰,如箭在弦。

在三十岁以前,西门吹雪的剑总是斜挂在背后的,用一种非常巧妙而实用的绳结,用那柄形式奇古的狭长乌鞘,系在后背。

因为他觉得只有这种佩剑的方法才可以使他的行动保持在最灵敏的状态,也可以让他拔剑最快。

现在"灵敏"与"快"都已经不是他注重的事了。

在这一方面,他已完全超越,超越了他自己,超越了剑。

超越了他自己的极限,超越了剑的极限。

"超越"绝不是件简单的事,更不容易,无论你要超越什么,都一定要付出代价。

相当大的代价。

沐浴更衣束发修剪指甲,这一类的事,本来是西门吹雪绝不会做的。

名优、名妓,各式各样的身份的名女人,都可能是为他做这种事的人,他自己却不做。

因为他是人中的贵族,剑中的神。

陆小凤甚至说:"西门吹雪这个人,根本就不是人。"

每个人都喜欢的事,他不喜欢,每个人都做的事,他不做。

他似乎已远离人世,他的剑已将他与人世隔绝。

他自己也宁愿如此。

想不到的是，他还是"碰上"了，碰上了一个女孩子，碰上了一个让他不能不重回人世的女孩。

这种事是谁都没法子可以避免的，就连西门吹雪都一样没法子。

所以他也做了一些"人"做的事——碰上、相爱、结婚、成家、生子。

他甚至，他居然也有了人的感情。

所以他几乎败了，几乎死，败就是死，在"月圆之夜，紫禁之巅"那一仗里，他几乎死在白云城主叶孤城的"天外飞仙"之下。

西门吹雪可以死，却不能败。

西门吹雪的剑永不能败，而且必将成为人类的传奇之一。

这一点是他一定要保持的，因为这不但是他的责任，也是他的命运。

所以他一定要再"入神"，剑之神。

所以他一定要和人分离。

所以在他的妻子生产后，在他最挚爱的女人生下他唯一至亲的骨血后，他就和他们分离了。

这就是他付出的代价。

西门吹雪默默地佩上了他的剑，默默地走出了这扇只属他的窄门。

无论这扇门在什么地方，都是属于他的，属于他一个人的。

因为他就是西门吹雪。

因为这扇门就是生死之门。

门外有一轮明月。

04

司空摘星已经在叫菜了。

店里的伙计一直恭恭敬敬笔笔直直地站在旁边等着他点菜，虽然站得笔直，腿却还是有点发抖。

可是他叫过菜之后，这个伙计的样子就有一点变了。

司空摘星要的菜是——

"一碟清炒青菜，一碟白煮豆腐，两个白煮蛋，两个白馒头，一壶白水。"

这个世界上也不知道有多少城市镇集村店，每个地方都不知道有多少卖酒卖饭的酒楼饭铺面店小馆，这些楼铺店馆里的伙计，更不知道有多少。

我们唯一可以确定的是，不管在什么地方，不管在什么样一个店铺楼馆里，不管是一个什么样的伙计，听到一个客人居然会点这样几个"菜"之后，脸色都会变的，不变才是怪事。

状元楼的这个伙计，现在看着司空摘星的表情，就好像一个花花公子突然发现自己是个太监一样，而且还是个有女人陪在旁边的太监。

牛肉汤的表情虽然没有这么吃惊，也没有这么惨，也差不了太多了。

她忍不住要问司空摘星："你刚才叫了些什么东西给我们吃？"

"你是不是聋子？"

"我不是。"

"我刚才叫了些什么东西，你没有听见？"

"我听见了。"牛大小姐说，"我只不过有点怀疑而已。"

"怀疑什么？"

"怀疑你。"牛肉汤说，"怀疑你是不是那个挥金如土的偷王之王。"

"哦？"

"据说那个偷王虽然从来不偷值钱的东西，却比谁的钱都多。"

"为什么？"

"因为他偷的东西，都是别人请他去偷的。"牛肉汤说，"而且无论谁要请他偷东西，都要出很多很多的钱，据说有一次他为一个人去偷了一个马桶，那个人居然给了他五万两。"

她问司空偷王："有没有这回事？"

司空摘星叹了口气："如有一个又好看又可爱的小姑娘一定要说有这回事，我怎么能说没有？"

牛肉汤笑了。

她的笑容看起来既不像牛，更不像肉，更不像汤。

如果有人一定要说她笑起来的时候像一碗汤，那么这碗汤也绝不是牛肉汤，而是一碗好甜好甜的红枣莲子荷花汤。

"如果他偷一个马桶就可以赚五万两，那么这个偷王是不是已经应该很有钱了？"

"应该是的！"

"有钱的人，通常都是比较小气的人！这个人却是例外。"

"哦？"

"何况他花钱花得就好像陆小凤一样，有时候甚至比陆小凤还花得快。"

"能赚钱不是本事，能赚也能花钱才是本事。"司空摘星说，"能花不赚，是个混蛋；能赚不花，是个王八！"

牛大小姐笑了。

"做混蛋好像是比做王八好一点！"

"那是一定的！"

"所以你就是个王八，"牛小姐，"你既不是能花不赚的混蛋，也不是赚得满盘满钵的偷王，你只不过是个能赚钱而不会花钱的大王八，一个超级的大王八。"

司空摘星好像被骂呆了，他这一辈子，确实也从来没有被人这么样骂过。

他是偷王，就好像西门吹雪大剑神一样，也就好像陆小凤就是陆小凤一样。

像他们这种人，不骂人已经是客气了，怎么会让别人骂？

这位牛大小姐是不是已经醉了？

"你是不是醉了？"

"我喝的是白水，白水怎么会让人醉？"牛大小姐说，"我只不过奇怪，一个只偷一只马桶就能赚五万两的人，怎么会在他和一个又好看又可爱的女人吃晚饭的时候，只叫白的。"

"白的？"

"白的菜，白的豆腐，白的馒头，白的水。"

牛大小姐叹了口气："依我看，那个不老实的老实和尚吃得都一定要比你好一点。"

"为什么？"

"只吃这种东西，哪里有力气生小和尚！"

司空摘星没有笑，却叹了口气。

"现在我才知道那个陆小鸡为什么喜欢你了。"司空说，"你说话的腔调，简直就好像是跟他在一个模子里铸出来的。"

"他究竟是陆三蛋还是陆小鸡？"

"两样都是。"司空摘星说，"有时候他也是陆小鸟、陆小狗。"

"陆小鸟的意思我明白，他飞起来的确就像是只小鸟。"

"哼！"

"可是陆小狗我就不明白了。"牛小姐问，"怎么会有人叫他陆小狗？"

"因为他的鼻子比狗还灵，八千里之外有堆大便，他都能嗅得到。"

牛大小姐想笑，却忍住，板着脸瞪着司空摘星看了半天。

"你呢？你究竟是司空摘星，还是满地吃屎？"

司空怔住："我怎么会是满地吃屎？"

牛大小姐当然有她的道理。

"满地对司空，摘星对吃屎，字字都可以对得上。"牛小姐说，"何况你吃的这些东西，也不比狗屎好吃多少。"

"这次你错了。"司空并不生气，"我叫这些东西吃，只因为我现在根本不是司空摘星。"

"那你现在是谁？"

"西门吹雪。"司空说，"满地对西门，吃屎对吹雪，岂非也对得很好。"

"对得真是好极了。"一个人说，"已经好得够资格去吃一大堆狗屎，再挨一刀。"

酒楼的角落里有一张桌子，坐着一对夫妻，年纪都很大了，老公瘦小枯干，老婆白白胖胖，老公愁眉苦脸，老婆喜笑颜开。

这个世界上有很多夫妻都是这样子的，如果夫妻两个人都很热心地去做"一件事",丈夫总是会比较吃亏一点,老公让老婆高兴了,自己通常都会变得瘦小枯干,面黄肌瘦。

这个老公和他的老婆本来都是坐在很远的一个角落里,忽然间,面黄肌瘦的老公已经坐在司空摘星和牛大小姐旁边的椅子上了。

有关吃屎挨刀的那些话,当然就是他说的。

司空摘星当然不能不问他:"刚才你是不是说我要挨一刀?"

"是。"

"为什么我要挨一刀?"

"因为你不是西门吹雪。"这个老头说,"如果你是西门吹雪,我就是满地吃屎了。"

司空摘星又怔住。

这个老头本来坐得很远,他和牛肉汤说话的声音连旁边一张桌子都听不见,这个老头却听见。

这个老头是谁?

如果司空摘星知道这个老人是谁,恐怕立刻就会晕倒。

——天上地下,有什么事能让司空摘星晕倒?

第十六章

司空摘星摘下了一颗什么星

01

如果有人说司空摘星的易容术不是天下第一,那么这个世界上恐怕也没有什么人敢承认他的易容术是天下第一了。

"易容术"这个名词听起来好像很神秘的样子,总让人觉得它和一些神奇诡秘的事情有关,而且常常会牵涉入江湖中一些非常凶险邪恶的勾当。

其实易容术只不过是一种很平常的技术而已——一个很漂亮的女孩子,在演出一出戏的时候,把自己扮成了一个大胡子。

——这岂非也是"易容"?

这种事也像其他很多种事一样,要学会,很容易,要学精,就很难了。

司空摘星的易容术已经到达了一种什么样的阶段呢?

这是没有办法可以形容,也没有办法可以解释的,就好像陆小凤的指头、西门吹雪的剑,没有人能形容他们的成就已经到达哪一种阶段。

甚至没有人能想象。

只不过我们至少可以确定一点——易容术是有限度的。

用一句非常复杂的话来说：

——天下没有任何一种易容术能让一个人彻底改扮成另外一个人，而且能瞒过这个人最接近的朋友和亲人。

最高深精密的易容术，也只不过能把一个人改扮成一个根本不存在的人，或者是一个没有亲戚朋友会在附近看见他的人，让别人认不出他是谁。

能做到这一点，易容术就已经有了它的价值，值得千千万万的人去苦心学习。

司空摘星的易容术无疑已达到这个阶段，甚至已超越。

他甚至已经可以让陆小凤都认不出他了。

能够让一个比鬼还精的陆小凤都认不出他，这是多么大的本事。

可是现在这个本来一直猥猥琐琐地在角落里的小老头子却把他认出来了。

你们说，这个小老头的本事有多大？

这个小老头的本事之大，甚至已经大得能够让司空摘星吃惊了。

更奇怪的是，这个老头居然能在一个人声嘈杂的地方，隔着好几张桌子，听到他们用很低很低的声音说出来的悄悄话。

司空摘星居然连一点都看不出这个人的来历。这种事怎么能让他不吃惊？

他终于投降，叹气，苦笑。

"我佩服你了。"司空摘星对这个小老头说，"我知道你也是易容改扮过的，却看不出你是谁，你反而看出了我。"

小老头的嘴撇着，也不知道是在笑，还是没有笑，他只告诉司空摘星："我不要你佩服，你也不必知道我是谁，我更不想知道你是谁。"这个小老头说，"我只知道你绝不是西门吹雪。"

这个小老头用一种让人非常讨厌的样子对司空摘星说："你是张三李四乌龟王八都不要紧，我只要知道你绝不是西门吹雪就够了，"小老头说，"这一点恐怕还不止我一个人知道。"

他居然还说："江湖中消息比较灵通一点的人，恐怕都不可能相信西门吹雪此时此刻会陪一个年轻美貌的小姑娘，坐在这个地方吃白馒头。"

"为什么？"

"因为江湖中消息比较灵通一点的人都知道，西门吹雪现在既不在江南，也不在中原。"这个小老头说，"在这种情况下，怎么会有一个西门吹雪出现在这里？"

这种事的答案只有一个。这个西门吹雪一定是假的。

小老头说："只有在这种情况下，我才能看得出你绝不是西门吹雪。"他说，"否则我怎么看得出来？以你的易容术，谁能看得出来。"

千穿万穿，马屁不穿，这真是千古不变的真理，连司空摘星这种人都不能不服。

他现在就服了。

他现在已经觉得这个小老头并没有刚才那么可疑，甚至已经开始觉得他渐渐变得有一点可爱起来。

只不过他还是不能不问："如果西门吹雪真的已经不在江南，也不在中原，那么他到什么见鬼的地方去了？"

"他就是到一个见鬼的地方去了。"

司空摘星看看牛大小姐，牛大小姐看看司空摘星，两个人几乎在同时问："这个见鬼地方是不是在塞外？"

"是的。"

"这个见鬼的地方是不是黄石镇?"

"是的。"

牛大小姐看看司空摘星,司空摘星看看牛大小姐,两个人都怔住。

最后开口的居然不是女人,而是男人,牛大小姐居然把嘴闭了起来。

"西门吹雪在外面虽然通常只喝纯净的白水,和最简单的食物,但他却是个非常讲究,也非常懂得享受的人。"

司空摘星试探着问这个小老头:"这一次他为什么会离开他那栋繁花似锦、占地千亩的山庄,奔波到千万里之外,赶到那个花不香鸟不语连兔子都不拉屎的鬼地方去,是为了什么?"

没有回答,却有反问:"你知不知道他也曾奔波千里,为了一个素不相识的人去复仇?"

"我好像听说过。"

这件事不但司空摘星听说过,大概江湖中每个人都听说过。

"他曾经为了一刀镇九州岛赵刚,昼夜不停骑快马奔驰三日夜,去杀阳电刀洪涛。"

司空摘星说:"洪涛的'玉连环阳电八刀'刀刀致命,刀下少有活口,赵刚却是个他从来未见过的陌生人。"司空叹了口气,"可见我们这位无情大剑客,却常常会为了一点不是理由的理由去做这种事。"

他问这个小老头:"你说他绝不绝?"

"不绝。"

小老头的回答却很绝:"每个人都常常会做一些莫名其妙的事,连你都不例外。"

"这次西门吹雪到黄石镇去,是不是也为了一个莫名其妙的理由?"

"是的。"

"他为了什么?"

"这一次他也是为了一个人。"小老头说,"只不过这一次破了一个例而已。"

"破了什么例?"

"破了他自己的例。"

"我还是不懂。"

"他出手,一向很少是为了朋友,因为他几乎没有朋友,他仅有的朋友,也不会求他出手。"小老头说,"所以他出手,几乎都是为了陌生人。"

"我总认为他出手通常都是为了他自己。"司空摘星说,"我一辈子从来也没有看过比他更自我的人。"他解释,"自我的意思,就是自私。"

小老头笑了。

司空摘星看不起西门吹雪,是江湖中很多人都知道的事,起因只因为西门吹雪看不起他。

"也许你说得对,可是这一次,我却知道他这么做既不是为了他自己,也不是为了陌生人。"

小老头说:"这一次他居然是为了一个朋友!"司空摘星把一大碗白水像喝酒一样喝了下去,冷笑着问:"我们这位剑神大爷居然会为了一个朋友做这种事?"

"他偶尔会的。"

"幸好他的朋友不多,"司空冷冷地说,"他杀的人远比他的朋友多一百倍。"

"也许还不止一百倍。"小老头忍住笑说,"因为他的朋友很可能只有一个。"

"他这个朋友当然就是那个陆小狗。"

"这个陆小狗,当然也就是陆小鸡、陆小鸟、陆小虫、陆小鬼、陆三蛋。"小老头说,"也只有这么多鸡虫鸟鬼蛋,加起来才能够变成一个陆小凤。"

牛大小姐在这段时间一直表现得很娴静,就好像真的是一位名门闺秀大小姐一样。

可是她忽然一下子就跳了起来,就好像一条被人踩到了尾巴的母猫一样跳了起来,瞪着这个小老头,只瞪了一瞪,忽然又温温柔柔地坐了下去,又温温柔柔地闭上了嘴,一句话都没说,一个字都没说。

我们甚至可以恭维她,这一次她简直连一个屁都没有放。

放屁的是另外一个人。

"你说西门吹雪会为了陆小凤不远千里赶到那个鸟不生蛋的黄石镇去?"司空摘星问这个神秘的小老头,"你是不是在放屁?"

"我不是。"

这个小老头用一种很谦虚的态度说:"在你面前,我连放屁的资格都没有,就算有屁要放,也得憋回去,如果现在有一个屁放了出来,这个屁也不会是我放的。"

不是他放的,当然就是司空摘星放的了。

02

这时候西门吹雪正推开门走出去。

门外有一片黄沙如金,有一弯明月如轮。

司空摘星开始吃馒头。

他吃馒头,因为他肚子饿了,饿得要命,他在动脑筋的时候,肚子总饿得快。

可是他随便把他的脑筋怎样去动,他还是想不出坐在他面前的这个小老头是个什么样的人,怎么可能会知道这些事情?

就算他动脑筋的程度已经可以动得让他吃三万八千个馒头,他还是想不出。

这个小老头却想出了他心里在想些什么,而且还看出了他是谁。

"司空先生,现在你是不是已经可以请这位漂亮的姑娘吃一点不白的东西了?"

司空摘星差一点就跳了起来。

"你说什么?司空先生是什么人?"

"司空摘星也许不是一个人,"这个小老头不让司空摘星发脾气,就接着说,"司空摘星也许是好几十好几百好几千个人,因为这位偷王之王的易容术之精妙绝天下,无人可及。"

这是一句老话。

——千穿万穿,马屁不穿!老话如果没有道理,怎么老得起来?

何况这一次这个小老头的马屁居然连续不断,响个不停。

"我知道你不是西门吹雪,因为我知道他已在塞外。"小老头说,"我知道你是司空摘星,只因为我知道除了司空摘星之外,天下再也没有第二个能扮成西门吹雪的样子,也没有人敢。"

司空摘星笑了,他已经开始发觉这个神秘的小老头是个愈看愈可爱的人。

问题是,这个小老头究竟是谁呢?

这个问题不解决,司空摘星就算真的是一匹马,他的屁股就算真的被人拍了三万八千下,他还是不会放过这个小老头的。

所以他一定要问:"现在你已经知道我是谁了,我可不可以知道你是谁呢?"

这个神神秘秘的小老头的回答又让人吃了一惊,他居然很干脆地回答:"可以。"

"可以?"司空摘星好像连自己的耳朵都不太相信了,"真的可以?"

"真的。"

小老头的回答还是那么干脆:"我说可以,就是可以。"

"那么你现在可不可以告诉我了?"

小老头的回答又一次让别人吓了一跳,因为他居然说:"不可以。"

"不可以?"司空摘星看着这个人的时候,眼珠子都好像已经快要掉下来了,"为什么不可以?"

"因为我自己都不知道我自己是个什么人,我怎么能告诉你!"

"这个世界上是不是还有一两个人能告诉我你是个什么样的人呢?"

"大概还有一个。"

"谁?"

"就是坐在那个角落上的小老太婆。"

03

小老太婆都是一个样子,就是那么样一个小老太婆的样子。

也许她还不太老,也许她已经开始有点老了,也许她是很好看,也许她根本就不好看。

一个女人是不是一个老太婆,跟这些事是完全没有关系的。

这个小老太婆,也不知道是丑是靓是老是少。可是不管什么人看见她安安分分太太平平规规矩矩坐在一个很安全的角落里,就算这个人是个从来没有看见过女人的人，都会觉得她是个小老太婆。

司空摘星一直都没有把她看作是一个不是小老太婆的女人。

可是现在司空摘星忽然发现这个小老太婆并不是一个真的小老太婆了。

他没有看出什么破绽来，可是他已经感觉得到。

——陆小凤看出她的伪装时，也就因为这种感觉。

司空摘星明白这道理。

他知道这一次他去面对的并不是一个人，而是一颗星。

就好像他自己这么样的一颗星。

等到他知道他去摘的这颗星是一颗什么星的时候，他真的晕了过去。

第十七章

帐篷里的洗澡水

01

牛大小姐后来告诉她的朋友。

"那天我是亲眼看到的,"她说,"我看着司空摘星走过去,走到那个小老太婆面前,那个小老太婆勾了勾手指,叫他附耳过去,在他耳边说了几句话。"

"然后呢?"

"然后我就看见那个假扮成西门吹雪、故意装得冷酷无情的司空摘星,表情一下子改变了,瞪着两个大眼睛看着那个小老太婆,好像连眼珠子都要掉了下来。"牛大小姐说。

"然后呢?"

"然后他就一屁股坐到椅子上,头顶冒汗,两眼发直,过了半天才回过神来,才能站起来往回走,嘴里却一直还在念念有词,就好像道士作法念咒一样,谁也不知道他在说什么。"

"你也没有听见?"

"没有。"

"那个小老太婆究竟是谁呢?"

"你永远都想不到的。"牛大小姐说,"我敢保证,就算诸葛亮复生，一定也猜不出那个小老太婆是谁。"

她说："那天司空摘星走回我们那张桌子的时候，脸上的表情就好像活活见到了一个大头鬼。一个脑袋比磨盘还大的大头鬼。"

02

牛大小姐看着司空摘星走回来时脸上的表情，忍不住问："你刚才是不是见到了一个大头鬼？"

"没有，"司空摘星说，"可惜我没有，可惜这里也没有大头鬼。"

"可惜？可惜是什么意思？"

"可惜的意思就是说，我倒宁愿我刚才见到的是个大头鬼。"

牛大小姐压低声音问："难道那个小老太婆比大头鬼还可怕？"

"哼。"

"她是谁？"

"哼。"

"哼是什么意思？"

"哼的意思，就是我知道也不能说。"司空摘星说，"何况我根本不知道。"

"你在说谎，"牛大小姐说，"这次我看得出你在说谎。"

这次司空摘星连哼都不哼了。

牛大小姐故意叹了口气："想不到大名鼎鼎的司空摘星偷王之王居然是个这么样的人，不但会说谎，而且还是个胆小鬼，别人只不过在他耳朵旁边说了两句话，他就吓得像个龟孙一样，连屁都不敢放了。"

司空摘星忽然站起来，向她咧嘴一笑："再见。"他说。

这两个字还没有说完,他的人已经连影子都看不见了。

牛大小姐呆呆地坐在那里,生了半天气,发了半天怔,还是连一点法子都没有。

司空摘星要走的时候,谁有法子拦得住他?谁能追得上?牛大小姐的神通再大,也就只有眼睁睁地看着。

她实在快气死了。

那个贼小偷明明答应陪她到黄石镇去的,现在却一走了之。

可是生气又有什么用呢?除了生自己的气之外,她还能生谁的气?

那对神神秘秘的老夫妻居然还坐在那里,嘀嘀咕咕地也不知道在说什么,有时候甚至还鬼鬼祟祟地回过头来看着她笑一笑。

牛大小姐终于忍不住了。

她忽然像根弹簧一样从椅子上跳起来,大步往那个角落走过去。

走过去之后,牛大小姐更生气了。

这个面黄肌瘦的小老头,和这个弯腰驼背的小老太婆,吃的居然比两匹马还多。

更气人的是,马吃草,他们吃的既不是草,也不是"白"的。

他们吃的都是一个身体健康、食欲旺盛的人最喜欢吃的东西。

我们的牛大小姐恰巧正好是一个身体健康、食欲旺盛的人,而且还饿得很。

最气人的是,这两个老乌龟非但没有请她坐下,而且连一点请她吃东西的意思都没有。

于是牛大小姐的"决心"在忽然之间又下定了,这位大小姐下定决心的时候,是什么事都做得出。

她忽然坐了下去,坐在司空摘星刚才坐过的那张椅子上,拿起一双筷子,坐下来就吃,而且专拣好的吃,绝不客气。

弯腰驼背的小老太婆吃惊地看着她，看了半天，忍不住叹了口气："这个年头实在变了，我们做小姑娘的时候，不是这样子的。"

"你们那时候是什么样子的？"牛大小姐的筷子并没有停。

"那时候就算有人请我们吃一点东西，我们也不敢动筷子。"

"那时候你们真的不动筷子？"牛大小姐伏在桌上，吃吃地笑个不停，连她刚夹起来的一大块京葱烧鸭子都忘记了吃。

她忽然又觉得这两个老乌龟并不是她刚才想象中那么讨厌的人。

想不到，这个小老太婆忽然又做出了一件让她很受不了的事。

她居然握住了她的手，而且用一种充满了同情的眼色看着她，很温柔地对她说："小姑娘，你一定要看开一点，千万不要再难受。"

"我难受？"牛大小姐好像觉得很惊讶，很意外，"谁说我难受？我一点都不难受呀！"

小老太婆居然好像更惊讶更意外："你不难受？你真的一点都不难受？"

"我为什么要难受？"牛大小姐说，"老太太，你难道看不出我一定是个很看得开的人？"

老太太只叹气，不说话了。

牛大小姐也不再说话，准备又接着开始再吃，可是忽然间，她居然吃不下去了。

在这神神秘秘的小老头和小老太婆之间，仿佛又出现了某种东西，让她吃不下去。

这种东西当然也是种感觉。一种非常非常奇怪的感觉，我们甚至可以把这种感觉形容为——奇怪得要命。

所以牛小姐的筷子终于放了下来。

"老太太，"她说，"你刚才是不是在劝我不要难受？"

"唉！"

老太太不说话，只叹气。

"那么，请问老太太，我是不是有什么原因应该难受呢？"

"唉，我也不知道，"老太太说，"现在的年头变了，什么事都变了，我也不知道这种事现在是不是还会让人难受了。"

她叹着气说："我只知道，在我们做小姑娘的时候，如果遇到这种事，不但会难受，而且还会偷偷地去哭上个十天半个月。"

牛大小姐开始有点着急了："老太太，这种事究竟是什么事呢？"

老太太不回答，却反问："你知不知道西门吹雪已经到了黄石镇？"

"我刚听说。"

"你知不知道他是为什么去的？"

"他是为了去找陆小凤。"牛大小姐说，"因为他毕竟还是把陆小凤当作他的朋友。"

"你错了。"老太太说，"他不是去找陆小凤的，因为这个世界上再也没有人能找到陆小凤了。"

"为什么？"牛大小姐更着急，"为什么？"

"因为一个活人，是永远不会去找一个死人的。"老太太说，"一个活人如果要去找一个死人，只有自己先去死。"

她说："西门吹雪不是去死的，他是去替陆小凤报仇的。"

——陆小凤已经死在黄石镇，这个消息无疑很快就会传遍江湖。

这位老先生和老太太显然绝不是说谎的人，否则又怎么会吓跑牛肉汤？

牛大小姐也不知道自己是怎么样走下那个酒楼的，更不知道她听了那句话之后当时有什么反应。

她只知道现在她已经在一棵大树的树杈子里,而且已经哭得像一个泪人儿一样。

——这个年头和那个年头都是一样的,不管在哪个年头,一个有情感的正常女孩,都会为一个她喜欢的男人伤心的。

牛大小姐做的事在某一方面看来,也许有一点不太正常,可是她的情感却决不会比其他任何一个女孩少一点。

她哭出来的眼泪,当然也不会比任何人少。

03

依旧是高原黄土风沙。

黄石镇似乎是一个被时间遗忘了的地方,也或许是黄石镇的人故意把时间给遗忘了。

不管是被时间遗忘,抑或是遗忘了时间,两者之间都有一个共同的特征——不变。

黄石镇一点也没有变。

西门吹雪走入黄石镇的时候,也跟陆小凤一样,第一眼看见的,是一条贫穷的街道和一个穷得要死的人。

这个穷得要死的人当然就是那个自称是丐帮第二十三代弟子的黄小虫。

黄小虫看到西门吹雪,眼睛居然也亮得一如看见陆小凤时一个模样。

只可惜西门吹雪不是陆小凤。

陆小凤会向他打听客栈在哪里,西门吹雪则冷冷地盯着他看。

冷冷的眼神仿佛一双利箭,穿透了黄小虫的心坎。他畏畏缩缩地问:"你要找客栈?"

西门吹雪没有回答。不过,有时候沉默也是一种回答。起码对黄小虫这种时常看惯别人脸色的人来说,西门吹雪的沉默就是一种回答。

"大眼"杂货店后院的小木屋也没有改变,还是一张木板床,木板床上依旧铺着一张白床单。唯一不同的是,这张白床单却是崭新亮丽的,干净得一如西门吹雪身上的衣服。

黄小虫的目光看着西门吹雪的双目,西门吹雪的目光则盯着木板床上的红纸,就是那张上面写着住宿和食膳费用的红纸。

黄小虫很想从西门吹雪的表情中看出一些什么,然而,西门吹雪的表情仿佛千年寒冰一样,既冷又硬,好像用剑都穿不透,何况是一双人眼?

所以黄小虫只好自己堆起笑容,说:"这是黄石镇唯一可以住宿的地方,公子还满意吧?"

"当然满意,这里管吃管住之外,什么事都可以把你伺候得好好的,怎么会不满意?"

答话的人当然不是西门吹雪,因为答话的声音既清且脆,明显地表示是女人的声音。

随着答话的声音,"大眼"杂货店的老板娘,一直扭着腰肢走了进来。

她脸上堆着风骚之至的笑容,款摆着身躯走到西门吹雪的面前,说:"公子……"

老板娘的话不但没有说下去,甚至连脸上的笑容也消失不见了。

雪,遇到温暖的阳光,当然会融化,然而,一块千年寒冰却不会融化,不但不融化,反而会使阳光变冷,变得黯然失色。

西门吹雪冰冷的脸容，已经够令老板娘难受的了，他连正眼也没看一看老板娘，便转身走了开去，老板娘的话，怎么能接得下去？她的笑容怎么能不消失？

"公子……公子……"

黄小虫跟在西门吹雪身后，不停地呼叫。

西门吹雪像一个聋子似的，只是直直地往杂货店门前走出去。

对黄小虫来说，这无异也是一种回答。

黄小虫失望极了，他对着王大眼和老板娘做了一个无奈的表情，张嘴正想大骂西门吹雪一顿。

他的嘴张开，整个人就愣住，两眼瞪大地看着门口。

王大眼和老板娘禁不住也往门口看过去。

——西门吹雪。

走出门口的西门吹雪，忽然来了个大转身，又跨了进来。

老板娘的脸，马上又如春花般绽开了。

可惜西门吹雪就是西门吹雪，他还是连正眼也没瞧老板娘一眼。他的眼光，看的不是人，是东西。

他的手，同时也伸向他看到的东西那里。

那是一个火折子和一支烟火。

他左手拿起火折子和烟火，右手一弹，一个元宝就落在柜台上。

西门吹雪的举动，自然吸引了老板娘他们的好奇心。他们情不自禁地跟出门口。

西门吹雪买烟火和火折子干什么？

这个问题马上就有了答案。

因为西门吹雪的脚一踏在黄石镇的泥沙路上，手上的烟火便"咻"的一声，飞上了黄石镇的上空。

烟火在天空爆出了刹那间明亮的火花，就被风吹得不知去向了。

不过，西门吹雪的去向，却是老板娘他们知道的。因为他并没有离开黄石镇。

他不但没有离开黄石镇，而且还在街道上的一块石头上坐了下来。像一个入定的老僧，又像一块终年不见日光的寒冰那样，坐了下来。

太阳已经落下了，西天抹起了一片红霞。红霞映着西门吹雪身上的白衣，仿佛也披上了霞光。

风吹得更大了。但是，大风的声响却掩盖不住急驰的马蹄声响。

随着急骤的蹄声，二十四骑快马的形象马上便出现在黄石镇外的黄土路上。

快马奔驰得快，停得也快。

一到了黄石镇外二十丈的地方，二十四匹快马一起停了下来。

马上人一声不响便跳下马，二十四匹马围成一个长方形。

——他们是什么人？他们来做什么？

这是浮现在老板娘他们脑中的问题。

那二十四个从马上下来的人，以非常纯熟快速的动作来进行他们的工作，其纯熟的程度，就好像他们从小到大都在做这件工作似的。

因此，老板娘心中的问题，在一盏茶还不到的时间，就有了答案。

答案并不复杂。

——他们是来搭一座帐篷的。

帐篷布其白如雪，比西门吹雪身上的衣服还白。因为西门吹雪的衣服，已经在黄石镇上吹了好几个时辰的风沙了。

帐篷一搭好，又传来了马蹄声。

这次的马蹄声，只是一匹马的嘀嘀嗒嗒而已。

那二十四个人，把帐篷搭好，一声不响地飞身上马，奔驰而去。

在二十四匹马扬起的飞扬尘沙中，一辆马车缓缓驰近。驾驶马车的人，身上所穿的衣服，和搭帐篷的人一模一样，是一身纯黑劲装。

马车驰至帐篷前停下，马车后马上跳下四个也是身穿黑衣劲装的汉子，四个汉子落地的步伐非常一致，因为他们身上挑着两根担挑。

担挑上是一个大木桶，木桶上面冒着热气的白烟。

他们就挑着大木桶走进帐篷里面。

四个大汉再出来的时候，手上只剩下两根担挑。他们也是一言不发进入马车，马车夫一提马头，马就滴溜溜地转身，往来路回去。

就在这时，怪现象产生了。

明明是一辆马车往回走的声音，却忽然变成了两辆马车的声音。

"他们在变什么戏法？"黄小虫这个小叫花实在憋不住心里的疑问了。

"你问我？"老板娘看着小叫花，道，"那我问谁去？"

老板娘谁也不必问，因为她已经看到了两辆马车交驰而来。

所谓怪现象，只不过是又有一辆马车往黄石镇的方向奔来而已。

来车的车夫装束，和离去的车夫一样，显然仍然是同一拨人马。

这辆马车停的位置，也正好就是刚走那辆马车停的位置。

"你猜这次下来的是什么？"小叫花看了看老板娘，问道。他的表情，好像他知道了车里面载着什么东西似的。

"你以为还是木桶吗？你以为你是千里眼还是诸葛再生？"老板娘道。

"你怎么知道我会猜里面还是木桶？"小叫花道。

"因为我跟你一样笨。"老板娘说。

老板娘说自己笨是有原因的，因为她已经看到了从马车上下来的是什么人。

不是黑衣人,是白衣人。不是劲装大汉,是婀娜多姿的少女。

四个少女。两个双手各拿一根火把,一个双手捧着一套纯白的衣衫,另一个双手捧的却是一条大浴巾。

四个少女一进帐篷,马车就离去了。

而帐篷马上明亮起来。

——任何一个帐篷,只要插上四根火把,都会明亮起来的,何况是洁白得近乎透明的帐篷?

"我知道这批人是来干什么的。"小叫花用很得意的口气说。

"你知道?你真的知道?"老板娘说。

"我知道,我真的知道。"

"他们是来干什么的?"

"他们是来送洗澡水的。"

老板娘举起了手,挥向小叫花的头,但是她的手并没有打到小叫花的头,不是小叫花躲了过去,而是老板娘忽然想通了。

她想通了小叫花不是消遣她。这批人真的是送洗澡水来的。于是,她瞪大眼睛,张大嘴巴道:"他真的就是西门吹雪?"

"废话,除了西门吹雪,还有人一言不发地进入黄石镇吗?"小叫花道。

"对,除了西门吹雪,还有人会那么爱干净,不住在黄石镇唯一的豪华旅馆——我的杂货店吗?"杂货店的老板娘一下子,似乎又变得聪明起来了。

"来到黄石镇,吹了一天的黄沙,除了西门吹雪,谁还会想到要洗澡,要换衣服?"小叫花的表情更得意了。

老板娘的双眉忽然皱了起来。

"你怎么啦?"小叫花问。

"怎么啦！你没有看到西门吹雪带了多少人马来黄石镇吗？"

小叫花笑了，他道："你放心，西门吹雪假如靠人多取胜，他早就不是西门吹雪了。西门吹雪之所以是西门吹雪，就是因为他一向都是独自行事的。"

"可是这些黑衣人你怎么解释？"

"这只是侍候他的佣人而已。在这方面，西门吹雪的表现，一如豪门公子，而不是剑侠。"

于是，老板娘的双眉又舒展起来了。

那批黑衣人果然是替西门吹雪送洗澡水来的，因为等一切都准备好之后，西门吹雪便从石上站起，走向了帐篷。

"我们走吧。"杂货店老板看到西门吹雪进入帐篷，便转身欲返店里。

"走？要走你们先走。"老板娘道。

"为什么？难道你想看西门吹雪洗澡？"小叫花瞪大了眼睛道。

"你真聪明，"老板娘娇笑道，"一猜就中了。"

"洗澡也好看吗？"杂货店老板说。

"别人洗澡不好看，一代剑客西门吹雪洗澡，却是千载难逢的好戏。"

杂货店老板皱了皱眉，转身离去。

"慢着！"小叫花忽然叫了起来。

"干什么？难道你也想看西门吹雪洗澡？"

"嘘，你听。"小叫花道。

马蹄声。一匹马的马蹄声。

杂货店老板看着小叫花，小叫花看老板娘，老板娘看着杂货店老板。

也难怪他们面面相觑的,帐篷搭好了,洗澡水抬来了,更换的衣服也送来了,四个侍浴的女子也来了,这匹马是来干什么的?

很快地,就看到了马,也看到了马上人。

马上的人,这次不是穿着黑衣的大汉,而是身穿碎花布衣的女子。

这个女子策马奔近帐篷,飞身下马,人就往帐篷里面冲。

她只进入帐篷里一下子,人就退了出来。退出之后,她并没有上马,反而牵着马向着老板娘的方向走了过来。

"你的生意上门了。"小叫花对着杂货店老板说。

"什么生意?"

"你后面的破房子,今天晚上有人来投宿了。"

"你怎么知道?"

"你没看到这个女子只进去一下就出来了吗?她一定想跟西门吹雪借宿在帐篷一角,却被赶了出来。西门吹雪一定对她推荐黄石镇独一无二的豪华旅馆——你的杂货店。"

"从你看到西门吹雪起,他一共跟你说过几句话?"杂货店老板问。

"一句也没有。"

"那你以为西门吹雪会大费唇舌,对这个女子推荐我的豪华旅馆吗?"

小叫花搔了搔头,道:"不推荐也无所谓,反正黄石镇只有你那里可以投宿,她只要想过夜,你的生意一定上门的。"

杂货店老板没有回答他,因为这个女子已经走近他们身边了。

"要投宿吗?"小叫花一看到这个美貌的女人,眼睛就亮了起来。

"是要投宿,不过这是第二件事。"

"我知道你的第一件事是什么。"小叫花脸上的笑容更明亮了。

"你真的知道?"

"当然,投宿的人通常都是赶了很久的路,肚子一定饿了,他的第一件事一定是想吃东西,所以你的第一件事一定是想知道哪里有东西吃,对不对?"

"错了。"

"哦?"

"第一,假如我要吃东西,我也只吃我自己做的东西;第二,我来这里以前,已经吃得饱饱的。"

"那你……"

"我是来传话的。"

"传话?传什么话?"

"传西门吹雪的话。"

"……"小叫花说不出话了,他只是张大了嘴巴。

"他要你传什么话?"老板娘开口道。

"我刚才一进帐篷,你知道他说什么吗?"

"说什么?"小叫花道。

"他说:走开。"

"那你就走来这里了?他并没有要你传话呀!"小叫花说。

"有。"

"有?我不懂。"小叫花搔着头说。

"你马上就懂的。因为他说走开,不是叫我走开,而是要你们走开。"

"你怎么知道他不是要你走开?他怎么可能叫我们走开?是你走进他的帐篷的呀!"

"不错,可是,走进帐篷并没犯错,犯错的是偷看人家洗澡的人。"这个女子看着老板娘,道,"他要我传的话,虽然只是走开两个字,但是这两个字的意思就是,要我来叫你们走开,别偷看一个大男人洗澡。"

"你是他什么人?"老板娘道,"你是他肚子里的蛔虫吗?不然,你怎么知道他的意思?"

"我当然知道他的意思。"

"为什么?"

"因为我是他的朋友,西门吹雪从来不会叫他的朋友走开的。"

老板娘不说话了,小叫花和老板也不说话了。

看了看杂货店里小木屋内墙上的红纸之后,这个女子对着老板娘说:"我决定住了,要先付钱吗?"

"当然。"小叫花道。

"我不是问你,这里到底谁是老板?"

小叫花不说话了。

老板娘接过五十钱以后,向小叫花递了递眼色,转身往房门外走。

"慢着。"这个女子道。

"怎么啦?难道又要传西门吹雪的话吗?"小叫花道。

"奇怪了,你怎么知道的?"

——真的传西门吹雪的话?

小叫花不禁搔起头来,道:"你不是说你进了帐篷,他只对你说了走开两个字吗?"

"不错,可是这两个字包含有多少意思,你知道吗?"

"我怎么会知道?我发现你真是无理到极点。"

"你现在才知道呀!你知道我叫什么名字吗?我的名字叫牛肉汤,名字就已经够无理了吧!"

小叫花又不说话了。

"你听着,西门吹雪说,你们镇上的人,明天从太阳晒到屁股的时候开始,一个一个地,轮流到他帐篷里去,他有话要问你们。"

"他以为他是谁?他是皇帝吗?"小叫花道。

"是的,他现在就是黄石镇上的土皇帝。"牛肉汤说。

"假如我们不去呢?"老板娘道。

"不去?不去也可以,不过,不去的话,恐怕以后就走不了啰。"

"为什么?"

"没有脚的人,能走吗?"

04

阳光,使飞扬的尘沙更加显眼了。阳光,也使黄石镇外的白帐篷,被照射得更加突出。

帐篷的前面敞开了一块,可以看到里面摆着一张桌子,桌子旁边坐着两个人。

一个是面容冷峻的西门吹雪,一个是满脸灿然娇笑的牛肉汤。

桌上有菜,小菜。桌上也有酒,烈酒。

牛肉汤指着黄石镇上一个踽踽而行的人影,道:"来了!来了!"

西门吹雪依旧是那副冷峻的表情。

牛肉汤似乎毫不介意那副冷峻的表情,仍然用她铜铃似的娇声,道:"我昨晚自作主张,要黄石镇上所有的人,一个一个来这里。你看,现在第一个人来了。"

西门吹雪还是没有开口。他唯一动的是手,举起杯,缓缓地喝着杯中酒。

"他们来了之后,我就代表你,向他们问话,向他们打听陆小凤的下落，你说好不好？"

还是没开口。

"不过我先说明，我讲的话，全部都是你的意见，如果一言不合，他们想大打出手，这交手嘛，一定要你才成啊。"

西门吹雪还是没说话，只是用冷冷的目光，盯着走近帐篷的人。

"来者何人？"牛肉汤道。

这个人看了看西门吹雪，一接触到那双其冷如箭的眼睛，连忙转移视线，看着牛肉汤。

"我姓赵，叫赵瞎子。"

"你眼睛也不瞎，为什么叫赵瞎子？"

"这叫无理嘛，就跟姑娘身上一样，既没有牛骚味，也不是湿淋淋得跟碗肉汤一样，为什么叫牛肉汤？"

"唔，你的嘴巴很厉害，我也不跟你斗嘴，我现在要问你，你给我听清楚了，我问的话，不是我的话，是代表这位西门吹雪大侠的话，你必须老老实实回答，不然的话，哼哼，到时你如果真是人如其名，就不太好玩了。"

"姑娘想知道什么消息？"

"不是我想知道，是这位西门大侠想知道。"

"是。"

"好，我问你，你见过陆小凤没有？"

"见过。"

"在哪里？"

"这里，黄石镇。"

"好，那他的人呢？"

"死了。"

"死了？"牛肉汤瞪大了双眼，张大了嘴巴。

西门吹雪却一点表情也没有。

"你没有骗我?"牛肉汤的声音略颤抖。

"你如果不信,你可以问后面来的人。"

"我当然不信,"牛肉汤道,"谁会相信陆小凤会死?你信吗?"

牛肉汤望着西门吹雪,用微颤的声音又问一遍:"你相信吗?"

西门吹雪没有回答,他的双目,只是一味注视着黄石镇上又来的一个人。

这个人是小叫花。

然后是杂货店的老板,然后是老板娘。

他们都异口同声说:"陆小凤死了。"

牛肉汤相信了吗?

"我不相信,还有一个人,如果他也说陆小凤死了,我也许会相信。"

"谁?"老板娘临走前问。

"沙大户。"

沙大户没有来,来的是沙大户家里的一个家僮。

这个家僮带了一张帖子上面写着的,无外是仰慕西门吹雪的大名,要请他去共进晚餐。

牛肉汤看完了帖子上的字,又气又急,她忽然从身上掏出了三个沙漏。

她把三个沙漏放在桌上,对那个家僮说:"你看到这三个沙漏吗?"

家僮点头。

"这第一个倒过来的时候,沙就会漏到底部,漏完了,也就是你回到沙大户那里的时候,你懂吗?"

家僮点头。

"这第二个,我会在第一个完了的时候倒过来,沙漏光以后,也就是沙大户要到这里的时候,你懂了吗?"

家僮点头。

"这第三个嘛,假如沙大户来了,就没有用了,如果他不来,那第三个的沙子还没倒光,沙大户的头就不见了,你相不相信?"

"我相信,我相信。"

"那你就赶快回去吧,我现在可要把第一个沙漏倒过来了。"

家僮吓得脸无人色,像一只狗般飞奔而去。

05

第一个沙漏的沙已快将全部漏到底部了,牛肉汤看了西门吹雪,道:"那个家僮,该已到了吧?"

西门吹雪没有说话,眼睛也没有看沙漏一眼。

牛肉汤却又已把第二个沙漏倒过来了。她倒沙漏的手竟然有点发抖。

是否她在惧怕沙大户的来临?是否她在惧怕沙大户也会说出陆小凤已死的话?

不管她惧怕还是不惧怕,要来的,终归是要来的。

其实,就像沙漏中的沙一样,一点一滴地逐渐积聚起形状来。

而第二个沙漏的沙也快将漏完了。

远远地,沙大户的人影正在急急行来。

牛肉汤整个人也微微地抖了起来。

西门吹雪这次居然发觉到牛肉汤在颤抖,他居然开口说话了:"镇静!"

冷冷的两个字,却有温暖的效果,牛肉汤不抖了。

牛肉汤真的镇静下来了。她以镇静的语气,对着行近帐篷的沙大户说:"你就是沙大户?"

"不错,镇里的人都叫我沙大户。"

"不错,你确实很像个大户人家。"

"牛姑娘夸奖了。"

"我没夸奖你,做大户人家,一定要识时务,不识时务的人,能在地方上成为大户吗?"

沙大户笑了,他只是一味笑着。

牛肉汤又说:"不过,你以后能不能再继续做大户,那就不一定了!"

"哦?为什么?"

"因为这要看你现在是不是也识时务。"

"不识时务,我现在会站在这儿吗?"

"那就好,那我现在就代表这西门大侠问你一个问题,你要老老实实地回答我。"

"什么问题?就是你今天问镇里其他人的问题吗?"

"你既然已经知道,那你就直接回答吧。"

"我应该怎么回答?"沙大户说。

"照实说就对了。"

"照实说?照实说你们不相信呀!"

牛肉汤的脸色已经大变了,变成了一片苍白。她张开口却说不出话来。

一滴泪珠,在她眼角愈聚愈大,终于缓缓滚下她的脸颊。她又张嘴,声音哽咽:"你是说他……他已经……已经死了吗?"

沙大户的声音忽然显得冰冷,他说:"是的,已经死了!"

牛肉汤说不出话了,她的双手,把脸遮掩起来。

西门吹雪却又说了一句话。

"你有证据?"

"有。"

06

最好的证据,当然是看到陆小凤的尸体。

要看陆小凤的尸体,当然要去棺材铺。

这是沙大户说的。

一般人的尸体,都是葬在坟墓里的,为什么陆小凤的尸体,却要到棺材铺里看?

因为没有人来收的尸,黄石镇的人是不会去埋葬的。

这也是沙大户说的。

沙大户话说完了,棺材铺也到了,就好像他的话,早已算好了一样,不多一句,也不少一句,刚好说到棺材铺门前为止。

赵瞎子仿佛早就知道他们会来,他冷哼一声,说:"我的话你们不信,沙大户的话你们才信。唉!这叫真理也要靠权势呀!"

他的话很有道理,可惜他的话说了等于白说,因为所有的人,根本都没在意他的存在,只是跨着脚步,走进棺材铺。

牛肉汤这回真的哭了,不但哭,还哭得很大声。

事实上,看到了棺材,又看了棺材前的灵牌,谁不伤心?

连西门吹雪一向冷峻的面容，也似乎微微地变了一下。

因为灵牌上写的，正是："故友陆小凤。"

西门吹雪又开口了，他说的，还是很简单的两个字："打开。"

"我早就知道一定会有人来看他，"赵瞎子说，"所以棺材一直没钉上。"

"打开。"西门吹雪说的，还是这两个字。

赵瞎子看了沙大户一眼，两个人连忙把棺材盖拿到地上。

牛肉汤哭得更大声了。

赵瞎子忽然看着牛肉汤，道："你一味在哭，你知道棺材里躺的，一定就是你说的陆小凤吗？"

牛肉汤不哭了，她瞪着大眼看着赵瞎子。良久，她才缓缓地走至棺材旁。

牛肉汤很仔细地看着棺材里的人，她看他的脸，也看他胸膛上致命的伤口。

然后，她忽然笑了起来。

她仰头大笑，伸手指着赵瞎子："你真有意思，居然说他不是陆小凤……"

她的笑声，忽然变得很凄厉。

西门吹雪凝视了陆小凤的尸身很久，脸上表情却一直没变。

他凝视着，直到牛肉汤那凄厉的笑声变成号哭，由号哭而变成啜泣，他才开口，说了两个字："阖上。"

棺材盖盖回原状之后，牛肉汤不哭了，西门吹雪却忽然又说了两个字："下来。"

西门吹雪说这句话的时候，头并没有抬，抬头的是牛肉汤、沙大户和赵瞎子。

他们一抬头，就看到了一个，倒吊在屋檐，脸向窗内的人头。

这个人头马上变成一条人影,用一种几近连爬带滚的方式跳了下来。

"小叫花子,"赵瞎子开口说,"你躲在窗外干什么?想偷棺材呀?"

"去你的乌鸦嘴。我偷棺材干什么?假如要偷,还不是为了你。"

"那你想干什么?"

"我不想干什么,我是来送帖子的。"

"送帖子?给谁?"

"当然不是给你,你这副阴阳怪气的仪容,谁会送这帖子给你?是送给这位西门大侠的。"

帖子内容很简单,只有三十五个字:

闻大侠远来,不胜仰慕,妾虽被贬天涯,亦不能不略表敬意,明日午时,仅以粗茶,为君洗尘。

凭这三十五个字,西门吹雪会赴约吗?

当然不会。他是来找陆小凤的,陆小凤死了,他就要追查陆小凤的死因,怎么有心情去喝粗茶?

可是,他还是去了。

因为,帖子旁边还有一行字:

又及:陆大侠死因,妾略知一二。

第十八章

宴无好宴

01

假如要问谁是江湖上最不懂礼貌的人,答案倒非常简单。

——西门吹雪。

一个从来不多讲话的人,他当然是不会讲无聊的客套话。

所以严格地来说,只要明白西门吹雪的为人,就不会认为他是个不懂礼貌的人。

因此,在江湖上,唯一不懂礼貌的人,就剩下一个了。

——牛肉汤。

她不但不懂礼貌,而且也不讲礼貌。

因为她一看到宫素素,马上就用逼人的语气问:"你知道陆小凤的死因?"

假如要问江湖上谁的修养最好,恐怕要数宫素素了。

因为宫素素听了牛肉汤的话,居然没有生气,连脸色也没变一下,依旧维持她那冷艳高贵的表情。

她只是长长叹了一口气,说:"那么好的人,为什么偏偏那么早死呢?"

"是谁杀他的？"牛肉汤又追问。

宫素素又是长长地叹了一口气，说："陆小凤是我最仰慕的人，居然死在黄石镇上，我实在难过极了。"

"讲难过，最难过的应该是我。"牛肉汤说。

"为什么？"

"难道你不知道我和他的关系？"牛肉汤说，"你快告诉我，是谁杀的？我一定要替他报仇。"

"谁杀的？谁能杀得了陆小凤？能杀他的人，当然是他最亲近的人，是他最不会提防的人。"

"是谁？"

"你马上就知道了。我已经派人去把这些人找来，他们还没来以前，我们为什么不多喝两杯，遥祝陆大侠在天之灵？"

宫素素又长长地叹了一口气，举起杯子，一饮而尽。

牛肉汤也举杯一饮而尽。

连西门吹雪也以平常少见的快动作，把杯中酒一下喝光。喝完了，他把杯子放回桌上。

这时，他的右手正拿着杯子。

这时，他的动作是把杯子放回桌上。

这时，他身后的纱幔里忽然飞出来一个人。

一个手上握剑的人，女人。

西门吹雪放下杯子的这一刻，正是刺杀他的好时刻。因为他刚喝完酒，注意力并不集中，而且他正要放下酒杯，右手的动作也正松懈。

这个女人似乎算准了会一击而中。

她错了。

西门吹雪假如这么容易被刺中，他早就不是西门吹雪，是一个死人了。

死人不会动，西门吹雪会。

西门吹雪的身子，正好借助手按杯子的力量，向右方斜斜地飞了出去。

行刺的女子，一击不中，却没有再攻击，她只是站着，站在厅堂的中央，面对着西门吹雪。

西门吹雪依旧冷峻地站着，仿佛什么也不看似的看着这个女子。

宫素素站了起来，大声叱喝道："宫萍，你想干什么？"

"我听说西门公子的剑术已经练到无剑的境界，我想领教一下。"

"哼！我看你是活得不耐烦了。"牛肉汤道。

宫萍连看都没看牛肉汤一眼，双目定定地注视着西门吹雪道："拔剑吧。"

"我看你真的是活得不耐烦了，"牛肉汤说，"你居然敢叫西门大侠拔剑，你知道他一拔剑的后果吗？"

宫萍依旧没有理她。

牛肉汤却又说："你死定了。"

宫萍冷笑，道："每件事都有例外的。"

话一说完，她就举剑刺西门吹雪，一口气连攻了二十四招。

西门吹雪的身体快速无比地连换了二十四个位置，然后，就是剑光一闪。

没有人看到西门吹雪是怎样拔剑的，也没有人看到西门吹雪的剑是怎么刺向宫萍的，他们看到的，只是一闪。

就是那一闪，宫萍就已倒下。

02

宫萍倒地发出"呼"的一声,"呼"的一声过后,竟然传来了沙大户的笑声。

"好剑法!"沙大户一边拍掌,一边自门外走了进来。

"西门吹雪无剑的境界,果然名不虚传。"沙大户身后,跟着进来了老板娘、杂货店老板和小叫花黄小虫。

杂货店老板看着西门吹雪和牛肉汤,说:"其实,我早就知道谁是凶手了。"

"是谁?"牛肉汤问。

老板笑而不答,答话的是老板娘。

"他根本就不知道谁是凶手。"

"你为什么认为我不知道谁是凶手?"

"你如果知道,你会不早说吗?"

"早说?早说出来,我会活到现在吗?"

小叫花这时忽然插口道:"你不怕凶手杀你灭口?"

"杀我灭口?那他岂不自己暴露身份?"

"到底谁是凶手?"牛肉汤又追问。

"最后凶手是很多人。"

这句话是从门口传过来的。

"为什么?"小叫花对着进来的赵瞎子说。

"为什么?凶手愈多,我的棺材生意不就愈好吗?哈哈哈哈……"

西门吹雪冷峻的表情，忽然显出了一抹很不易察觉的冷笑，他开口说话，而且说的字算是很多。他说："凶手是很多。"

这样的一句话，谁听了当然都会大吃一惊的。

因此，连牛肉汤在内，每个人都愣在当场，所有的目光都射向西门吹雪。

牛肉汤忍不住问道："是什么人？"

"他。"西门吹雪指着沙大户。

"他。"西门吹雪指着老板，再指着老板娘、赵瞎子、小叫花，连说了四个"他"。

"还有。"西门吹雪忽然又冒出了这两个字。

"还有？"牛肉汤瞪大了眼珠。

"她。"西门吹雪指着宫素素。

笑声忽然弥漫了整个厅堂。

发笑的人当然不是西门吹雪和牛肉汤，而是西门吹雪指的所有凶手。

他们笑得很得意。这令牛肉汤大为诧异，因为她知道，凭这些人，西门吹雪一定可以收拾得了，他们为什么还在笑？难道是因为他们都不是凶手才笑？

这个问题马上就有答案。

因为宫素素忽然收住笑容，说："西门吹雪，你猜对了。黄石镇上的每一个人，都是杀死陆小凤的凶手。"

"只可惜，"老板娘说，"你知道得太迟了。"

"不，一点也不迟。"赵瞎子说。

"为什么不迟？"小叫花子说。

"因为刚好来得及睡我的棺材。"

他们脸上的表情又变得很愉快的样子。

而一向脸上表情不变的西门吹雪,脸色突然也变了。

不但变,额头上还冒着冷汗。

牛肉汤看到西门吹雪的表情,脸上更是神色大变,张大了嘴巴,一句话也说不出来。

宫素素看着牛肉汤,得意之极地说:"你想问,酒里是不是有毒,对不对?"

牛肉汤的眼瞪得更大了。

"我告诉你,酒里有毒。"

宫素素笑得更得意了。

小叫花走到牛肉汤面前,伸手拧了她面颊上的肉一把,嘻嘻地笑道:"你现在是不是愈来愈看不清楚面前的东西?"

轻轻地在牛肉汤脸上拍了两下,道:"你还得意得了吗?你还没有西门大侠的什么话,要告诉我们?"

牛肉汤挣扎着,踉跄地走向西门吹雪,只走了两步,她就倒下,她的手指,刚好碰到了西门吹雪的鞋子。

那么软弱无力的一只手那么软弱无力的一碰,却仿佛四两拨千斤一般,把西门吹雪也碰倒。

得意的笑声,又再度弥漫了整个厅堂。

03

在繁华的街道上,一间生意旺盛的酒店里,谁会特别注意一对老年人?

虽然没有人注意,虽然小老头和小老太婆坐的又是一处角落,但他们谈话的声音,却非常细小。

小老头的眉头皱起，看着小老太婆，说道："你现在就去黄石镇？"

"现在不去，什么时候才去？"

"当然等一切情况都明了的时候才去。"

"我怕太迟了。"

"怎么会太迟？"

"到时案子破了，我的小朋友却也许被害了。"

"西门吹雪会被害？"

"就是他。"

"他会被害？你说些新鲜一点的笑话可以吧？"

"你觉得这很好笑吗？"

"你不觉得好笑？"

"一点也不。你别忘了，柳如钢死在黄石镇，陆小凤也死在黄石镇。"

小老头的眉皱得更深了，他忽然站了起来。

小老太婆一把拉住他，说："你想干什么？"

"干什么？去黄石镇呀。"

第十九章

小老太婆的神秘笑容

01

南北一十三省的镖局，假如中原镖局的总镖头百里长青站出来说，他的镖局只是家小镖局而已，那就表示，放眼天下，再也找不出一家镖局可以用大字冠在上面了。

南北一十三省哪家镖局敢称第一？没有，因为连中原镖局的总镖头百里长青也只是说，中原镖局号称第二而已。

中原镖局在十三省内有几家分局？这连百里长青自己也数不清。

太多的分局，太响亮的字号了。这使得百里长青根本就可以终日养鸟莳花，大享清福。

事实上，百里长青已经有十七年没有押过镖了。再大的镖，也只是交由副总镖头金鹏去押上一押。

十七年来，大小事件，百里长青都交由金鹏替他处理。金鹏成了他的左右手，而且从未出过错。

所以，当金鹏对他报告说一切都打点好以后，他应该点头捋须，愉快放心地一笑才对。

但这一次，他却没有笑。

不但没有笑，而且还神色凝重地问："一路都调查好了吗？"

"绝对安全。"金鹏说,"为了这趟镖,我们已经准备了将近一年的时间,一路上,都已经做好一切安全措施,总镖头大可放心。"

"这十多年来,多亏了你,你也从来没有出过差错,我是很放心的,只是这一趟镖,关系实在太大了。"

"我知道,三千五百万两黄金,可以做多少事的钱?可以用八十代都用不完。"

"是呀,所以这趟镖绝对不能有任何一丁点儿错失,别说你我,恐怕整个镖局的事业,都会毁于一旦。而且,这也是满门抄斩的事。"

"我知道,所以京师里还特别派了柳乘风柳大侠,七个多月前就开始按我们定的路线去安排了。"

"柳乘风那边有没有什么消息传回来?"

"每隔十五天都传回来一次消息。"金鹏说,"都只有两个字。"

"哪两个字?"

"安全。"

既然一路安全,就是该上路的时候了。

这一趟镖,由中原镖局总镖头百里长青亲自出马压阵。

02

牛肉汤实在焦急得很,她这一生从来也没有像现在这么焦急过。

她宁可人家来把她一刀杀了,都比关在这大牢里,等待行刑好受。

因为等待只会带来焦虑,而焦虑是令人难过不堪的事。

她实在是受不了了。她拼命地打着四周的墙壁,大声地呼叫着。

除了牢内的回声以外,响应她的只有一双眼睛。

一双冷冷的眼睛。

这双眼睛也不一定是在看她，只是对着她的动向凝视着面前的虚空而已。

西门吹雪就是这样的人，对周遭的一切似乎都无动于衷。

牛肉汤忽然停止了呼喊拍打，站在西门吹雪门前。

她用绝望的眼神，瞪视西门吹雪冷峻的面容，道："他们会杀我们吗？"

西门吹雪连看都没有看她一眼，仿佛这个问题已经不值得回答了。

"他们会不会杀我们？"

牛肉汤又问了一遍，这回她还用力摇动西门吹雪的肩膀。

"不会。"

这两个字仿佛不是西门吹雪讲的，而是被牛肉汤摇出来的，从肚皮卷到口腔，从口腔的牙缝里摇到外面去。

这样一句了无生气的回话，却带给了牛肉汤无穷希望。

她的眼睛忽然消失了那绝望的神情，升起了明亮的光彩。她说："真的？他们真的不会杀我们？"

西门吹雪没有摇头，也没有点头。

牛肉汤却高兴得差点手舞足蹈起来，她又说："我知道你的意思了，你是说，他们既然在酒里下迷药，不是下毒药，这表示他们并不想杀我们，对不对？"

"不对不对不对。"牛肉汤自己接了下去，说，"假如他们不想杀我们，为什么把我们关在这里？"

这似乎是个值得深思的问题。

为什么把牛肉汤和西门吹雪关起来，而不把他们一刀杀了？

他们已经一点价值也没有了。

陆小凤死了，他们是来报仇的，不杀他们，只有增加危险，别无好处。

这个问题，牛肉汤根本不可能知道，任凭她想破了脑袋，也不可能知道。

因为答案，是在黄石镇那群凶手的脑里。

西门吹雪似乎早就知道这一点，所以他干脆把眼睛闭了起来。

"为什么不把西门吹雪杀了？"

这是沙大户提的问题。

看来，这个问题连沙大户也不知道。

"对呀，为什么不杀了西门吹雪？"

这是杂货店老板和棺材店老板异口同声接着问的问题。

这个问题似乎只有一个人知道答案。

因为发问的人的眼睛，却看着一个人。

"不杀他的原因，"宫素素站起身，道，"是为了他的剑谱。"

"剑谱？"沙大户道，"我们还要他的剑谱做什么？"

"你不想学得他举世无双的剑法？"

"本来想的，现在却不想了。"

"为什么？"

"因为我们快变成大富豪了，还学剑法干什么？"

"有了钱，你就什么武功也不再练了吗？"宫素素问。

"你说得不错。你知道我们每人可以分到多少钱吗？"沙大户说。

"我算不出来。"

"我也算不出来，只不过我知道，我们每人分到的钱，用到我们的第八十代孙子也吃喝不完。"

沙大户环视众人一周，又说："有了这么多钱，我们不好好吃喝玩乐一番，还练什么剑？"

棺材店老板那张原本像个死人的脸上，忽然也有了血色，简直像换了个人，由死人变成皇帝似的，他用极高兴的口吻说："对呀，有了钱，咱们只管花天酒地去，还管他什么剑法？"

"而且，"沙大户又说，"留着西门吹雪在，我们就多一分威胁。"

"你们放心，那座大牢，连鬼都逃不出来，何况区区一个西门吹雪？"宫素素看着大家，说，"你们都一心只要钱，那剑谱，就留给我自己好了。西门吹雪的事，也让我来处理好了。"

"可是……"沙大户欲言又止。

"你怕他会飞出我的大牢？你放心，包在我身上。"

"为什么包在你身上？这件事是包在我们大伙身上的。"

小叫花三步并作两步跑了进来，一进来，就说了这句话。

"你知道我们在谈什么事吗？"老板娘说。

"你又知道我说的是什么事吗？"

"什么事？"

"我们说好的事呀！"

"他们来了？"

小叫花点头，说："他们来了。"

他们？他们是谁？

03

小老头似乎对黄石镇附近的路很熟似的,他故意七拐八拐的,来到黄石镇的外头,刚好是夕阳将下时。

"你看,我说得不错吧?"小老头看着夕阳说,"我说过到黄石镇时刚好是黄昏,没骗你吧?"

"这一点你没骗我,可是你骗了我别的。"小老太婆说。

"别的?我骗了你别的什么?"

"你骗了我走了半天冤枉路。"

"那我可没骗你。"小老头说,"我只跟你说过,走到黄石镇,起码是太阳快下山的时候,你说应该是日正中天的时候,我说你不对,你就说我们走走看,于是我们就走来了对不对?"

"对。"

"那你看,那太阳是不是快下山?"

"是。"

"那表示我说的话对,我没有骗你,更没有骗你走冤枉路。"

"好吧,就算没骗吧。可是你说的话却说错了。"

"错了?错在哪里?"

"错在这个夕阳。"小老太婆指着只剩一半边的太阳说,"你说到黄石镇是太阳快下山时,错了。我说是太阳已下山时才对。"

"不对不对不对,我们现在走进黄石镇,不就刚好吗?"

"不对不对不对,我们现在不进黄石镇。"

"为什么不进去?"

"因为我们要找西门吹雪。"

"找西门吹雪不是要进去吗？"

"不要。"小老太婆一指镇外那个白帐篷，说，"你看，那不是西门吹雪的行馆？"

帐篷里当然一个人也没有。

不过，这好像并不怎样令小老头和小老太婆惊讶。

令他们惊讶的，是他们在帐篷里，忽然听到了马蹄声。

马蹄声也不是最令人惊讶的，最令他们诧异的，是马蹄声后那一长串沉重的车轮磨地声。

"那是什么？是保镖的吗？"小老头问。

"你知道最好的答案是什么呢？"小老太婆说。

"是什么？"

"是去看一看。"

话还没说完，小老头和小老太婆的人，就已经不在帐篷里了。

04

中原镖局的旗帜，迎着向晚的风，吹得飒飒地响。

百里长青端骑在马上，双目炯炯有神。

"金鹏，前面就是你说的黄石镇？"

"是的。"

"绝对安全吗？"

"我们的人三个月来查过一次，全镇的人都是土生土长的，除了一个沙大户。"

"沙大户？"

"沙大户是个外地的流放贵族,忽然在黄石镇外的山上挖到了黄金,便在这里定居。因为他有钱,所以偶然会收留一些亡命之徒。"

"亡命之徒?"

"不过这些亡命之徒的武功,我们只要用一根手指,就可以打倒他们。"

"那我们今天晚上,似乎可以安安稳稳地睡一觉了。"

"我也这么想。"

"你怎么想?"小老头问。

"我想,他们如果是睡得安稳的话,那就只有一种情况。"小老太婆说。

"什么情况?"

"死人是睡得最安稳的。"

"他们为什么会死?"

"带着这么多钱银,来到这个表面上平静,暗地里却波涛汹涌的黄石镇,不是找死吗?"

"你怎么知道他们带的是钱银?"

"你没看到地上的轮痕?你看看有多深?恐怕他们保的是黄金。"

"我看不是。"

"哦?"

"如果保黄金,怎么只带这么几个人?"

"那你以为他们保的是什么?"

"石头。"

"石头?"

"对,石头。"

"你怎么知道？"

"判断。我看他们的车里装的绝对是石头，只有装了石头，他们才这么大胆，几个人就进入黄石镇。"

"你知道这几个人是谁吗？"

"谁？"

"他们的总镖头百里长青、副总镖头金鹏、峨眉女侠司徒凤、司徒凰、司徒莺、司徒燕、青城剑玄道子。"

"真的？"

"我会看走眼吗？"

"那他们载的是黄金啰？"

"我不知道。"

"我知道了，最好的方法，就是去看看。"

沙大户的屋子早就灯火通明。

对沙大户来说，这一天是他一生中最大的日子。

能够招待南北一十三省最大镖局的总镖头，这可是盼也盼不到的事。

因此，除了吩咐厨师好好准备拿手菜之外，他自己，也早已站到大门口去恭迎百里长青的大驾了。不单是他，黄石镇上所有的人全都在他的门口恭候着。每个人的脸上都露出了极得意的笑容。

因为，这就是小叫花口中的："他们来了。"

他们，当然就是中原镖局的人了。

其实，更真实更深一层地说，小叫花口中的他们，应该指的是马车里的镖银。

——那可以用八十代也用不完的黄金。

"他们进去沙大户家了。"小老头说。

"唔,鳖已入瓮了。"

"怎么办?"

"怎么办?看好戏呀。"

"这时候还看好戏?"

"不然,你想怎么办?"

"救人去呀。"

"救人?救谁?"

"他们呀。"

"他们?他们现在还不会有危险,还没吃饱,还没喝醉,怎么会有危险?"

"那……"小老头不知怎么办了。

"我们去救人。"小老太婆说。

"你不说他们还没危险吗?"

"我不是说他们,是说别人。"

"别人?别人是谁?"

"他不是谁,他是西门吹雪。"

"他?你知道他在哪里吗?"

"我当然知道,不然,怎么提议去救他?"

"你为什么认为他需要人去救?"

"因为他不在帐篷,而且,我看沙大户他们都开心得很,假如西门吹雪在外面,他们会那么开心吗?"

"你为什么要救西门吹雪?"

"我不跟你说过,他是我的小朋友吗?"

"小朋友就要救?"

"因为这个小朋友现在可以帮我们做很多事。比如说看看车里的是石头，还是黄金？"

"那我们为什么不快点去？"

小老头话还没说完，人就跑了开去。

但是他没有跑开，因为他的后衣领被小老太婆一手捉住。

"你干什么？"

"这句话应该我问你才对。你干什么？"

"救人呀！"

"救人？救人是往那边。"

夜，没有月亮的夜。

平常很阴森的牢房，在这样的夜色下，更显得阴森极了。

看到这么阴森的牢房，小老头子禁不住皱起了两条眉毛。他一皱起双眉，小老太婆也禁不住皱起了眉头。

"你为什么也皱眉？"小老头问。

"因为你皱眉呀。"

"我皱眉跟你皱眉有关联吗？"

"当然有。"

"是什么关系？"

"因为你皱眉的样子，很像一个人。"

"是一个你一想到就皱眉的人？"

"是的。"

"谁？"

"陆小凤。"

"真的，我会像陆小凤？"

"是的，只不过是个灰眉灰发，也就是说，灰头土脸的陆小凤。"

小老头笑了，他觉得很得意："只要像陆小凤，管他什么头发眉毛！"

他忽然叹了一口气，说："唉！只可惜……"

"只可惜陆小凤已经死了？"

"这是其一。"

"其二呢？"

"只可惜现在我们有正事要办，不然，我倒要请你好好吃喝一顿。"

"为什么？"

"因为从来也没有人说过我像陆小凤。"

"像陆小凤有什么好？还有人叫陆小凤做陆小鸡呢。"小老太婆说，"而且，陆小凤已经死了，说你像个死人，又有什么好的？"

小老头不说话了，他只是默默地走向牢门。

但他的脚步却被小老太婆一把拦住。

"你干什么？"小老头问。

"你想干什么？"小老太婆反问。

"我们不是要去救人吗？陆小凤死了，总不能再多一个西门吹雪是死人吧？"

"我忽然觉得有一件事比救西门吹雪还重要。等做完了这件事，再来救也不迟。"

"什么事？"

小老太婆没有回答，只是作了一个神秘的笑容。

第二十章

微笑的剑神

01

深夜，没有月亮的深夜。

假如从夜色初临开始饮宴，深夜，就是饮宴结束的时候了。

因此，在沙大户大厅的饮宴，正是结束的时候。

沙大户的饮宴，当然是招待中原镖局的贵宾了。

而沙大户的饮宴结束，要离席的，当然是中原镖局的一行保镖人马了。

当各位保镖的人站了起来时，沙大户却忽然又举起了酒杯，说道："有一件事，我感觉很抱歉。"

"沙兄盛情招待，我们感激已经来不及，沙兄又何来歉意？"百里长青抱拳说道。

"酒菜淡薄，总镖头赏光，已经是很给面子了。所以，这件事我一定要自己罚酒一杯，以示歉意的。"

"是什么事？"百里长青说。

"是寒舍太小了。"

"太小？太小也跟沙兄道歉有关？"

"当然有关。"沙大户一干杯中酒，说道，"因为太小了，所以只能招待贵镖局的三个人而已。"

百里长青还没来得及说话，杂货店的老板就抢先说出来："没关系，我那边可以招待二个。"

宫素素也抢着道："这两姊妹，就住我那儿好了。"

棺材店的老板，也抢着道："各位如果胆子大，不怕睡棺材的话，我那里也可以住一两个人。"

百里长青当然只有感激的份了。

于是，中原镖局的人，就被分配开了。

其实，应该说是中原镖局的力量，就被分散了。

虽然是没有月亮的深夜，沙大户门前的镖车，还是可以依稀辨别出位置来。

不但镖车依稀可见，连守卫着镖车的人，也约略可以看出。

其中一个守卫，忽然凝视着不远处的花丛。

他看到一条人影一闪而逝。

他没有哼声，因为他以为自己眼花了。喝多了酒的人，通常都会眼花的。

不过，就算他想哼声，他也哼不出来。

因为一枚细小的金针，早已从人影消失的花丛飞了出来。

这枚金针，当然是飞向这名守卫的咽喉了。

所以他除了瞪大了眼睛，右手挣扎着想拔刀之外，他连叫一声都叫不出来。

跟着，一把刀的刀锋已经割开了另一个守卫的喉头。

而另一条绳索，也在同时套牢了第三个守卫的脖子。

而夜，依旧是寂静无声。

虽然是深夜，宫素素的住所却明亮一如白昼。

在深夜中，屋里的灯火，通常都会给旅人无限的温暖与亲切。

起码，中原镖局的两位女镖师，就有这种感受。

因此她们一踏入宫素素的正厅，就感到很舒服。舒服的人，通常都想表达一下她们的感受的。

宫素素只是微笑着，静听她们对主人和主人住所的赞美。然后，她才说话："难得遇到二位姑娘，我们再小饮一番如何？"

人在舒适温暖的环境里，会拒绝这种邀请吗？

当然不会。

所以宫素素就用力地拍了两下手掌。

于是，小菜淡酒，一下子就摆在桌上。

端菜端酒的，是个老妪。

假如细心地观察，就会发现这个老妪的步履非常矫健，一点也不像老人。

而假如能撩起老妪的裙脚，就会发现老妪的双腿，光滑娇嫩一如少女。

这些，当然是两个女镖师注意不到的。

她们不但没有注意这些，而且连一点戒心也没有，宫素素一敬酒，她们举杯就干。

老妪的反应很快，马上又替她们斟上第二杯。

第三杯。

第四杯的时候，老妪忽然举起右手的酒壶，猛然砸向她右边的女镖师。

这个女镖师脸色大变，想举起右手去阻挡。只可惜，她忽然发现，她的右手竟然举不起来。

她的脸色实在太难看了。

她不知道，坐在她身旁的同伴，脸色比她的还难看。因为她的头，已经被老妪的酒壶击出了血花。

而她的同伴，想举手帮她阻敌，却连一丝力气也没有。

她忽然发现自己的四肢全都麻木了。唯一正常的，只有听觉。

她听见了宫素素阴冷而得意的笑声。

宫素素住所的灯火，忽然全都熄灭。

夜，似乎更阴森了。

阴森的不只是夜色，还有棺材，还有赵瞎子的笑声。

"你们敢睡吗？"赵瞎子的说话声也显得很阴森。

"当然敢，我们走江湖走惯了，连坟墓边也都睡过，怕什么棺材？对不对？"镖师撞了撞他的同伴说。

他的同伴马上接嘴："当然对，何况这棺材还是新的。"

"就是新的，我才问二位敢不敢睡。"

"为什么？"

"因为新棺材，通常都是用来装刚死的人的。"

"你别开玩笑。"

"你以为我在开玩笑？"

"难道你不是？"

"他不是。"

最后一句话，是从一副棺材里忽然冒出来的。

两个镖师禁不住吓了一跳。

就在他们被吓一跳的时候，棺材里便飞出来一个人。

而赵瞎子的双手，也变成爪形，抓向他面前的镖师。

"砰砰"两声，两个镖师的生命便结束了。

赵瞎子伸手一边扶着一个，用力一推，镖师的两具尸体，不偏不歪地，落在两副新棺材里。

赵瞎子的脸上，露出了笑容，他对着从棺材里飞出来的人说："小叫花，不赖吧？"

"当然不赖，这种角色，也配出来保镖？"

"你以为他们配做什么？"

"就是这个，"小叫花伸手一指，说，"只配睡在棺材里。"

赵瞎子说："你说得一点也不错。我看不止是这两个，所有的人都只配睡我的棺材。小叫花，还有几副棺材是空的？"

"好像不多了。"

"当然不多，只剩六个而已。"

"六个？有这么多？"

"杂货店里有两个，老沙那里有两个……"

"老沙那里为什么只有两个？不是三个吗？"

"三个？难道你想把我们的老大也杀了？"

"我怎么敢。"小叫花说，"这只有四个，还有两个是什么人？"

"你忘了大牢里的牛肉汤和西门吹雪？"

"我怎么会忘？谁能忘得了西门吹雪？"

02

是的，谁能忘得了西门吹雪？

起码小老头就忘不了。

一做完小老太婆那件事之后，小老头就忙不迭地催促着小老太婆，说："该去救西门吹雪了吧？"

"当然。现在去救，正是时候！"

"为什么现在正是时候？"

"因为黄石镇上的人，现在正在用尽方法对付中原镖局的人，一定不会派人看守他们的牢房。"

"中原镖局的人会被他们杀死吗？"

"大概吧。"

"那你为什么不想办法救他们？"

"你有办法救他们吗？"

小老头没说话，因为他回答不出来。以他们两个人的力量，救得了他们吗？

而且，这件事也不能点明真相，因为他们还查不出谁是主谋。

查不出主谋，谁会相信一个小老头和一个小老太婆的话？谁会相信黄石镇上那么老实的人会谋害中原镖局的人？

连陆小凤都不相信，所以陆小凤才被杀。

"你以为谁是主谋？"小老头问。

"照目前情况来看，只有两个人嫌疑最大。"

"谁？"

"百里长青和金鹏。"

"他们俩？为什么呢？一个是中原镖局的总镖头，一个是副总镖头，怎么会劫自己的镖？"

"为什么不会？你知道这趟镖有多少吗？"

"多少？"

"三千五百万两黄金。"

"那是多少？"

"那是用到你第八十代儿孙也花不完的钱！"

"这么多？是谁要保这么多钱？"

"据我所知，是当今朝廷的备战金。"

"为什么要运走呢？"

"因为传说南方有叛变，所以把黄金运下去，作为战事之用。"

"为什么不直接用军队运送？"

"怕引起瞩目，因为南方的叛变，是否会叛乱还不知道，万一运黄金的事风声走漏，马上生变，就准备不及了。"

"所以就托中原镖局押运？"

"不错。"小老太婆说。

"可是看来，黄石镇这批人，阴谋了大概有半年吧，他们怎么知道那么早？"

"所以我才怀疑是百里长青和金鹏其中之一是主谋。"

"唔，"小老头道，"他们是最先知道要托运黄金的人，可是，他们自己的钱已经用不完了，怎么还要劫镖呢？"

小老太婆笑了。她说："你现在有钱吗？"

"有。"

"可以用多久？"

"可以用到我死也用不完。"

"那假如再有一百万黄金放在你面前，你还要吗？"

"我不要，"小老头说，"才怪。"

"所以呀，谁不想拥有更多的财富？"

"有一个人！"

"谁？"

"陆小凤。"

小老太婆又笑了。她道："死人当然不想拥有更多的财富的。"

小老头也笑了，他道："陆小凤真是个死人吗？"

"难道不是？"

小老头没有回答。因为他忽然伸手在唇上，做了一个"嘘"的动作。

他们已经到了牢房外，所以小老头才叫小老太婆别哼声。

其实，就算小老头和小老太婆的说话声音再大，牢房里的人也听不到的。

因为牢房里根本没有看守的人。

有的，只是关在里面的西门吹雪和牛肉汤而已，而且让他们听到说话声，又有什么打紧？

假如有人这样想，这个人就错了。

因为西门吹雪已经听到了门外的人声，而且用手一点，就把牢里的油灯点熄。

跟着，他用手按着牛肉汤的嘴，附口在她耳边轻轻说了两个字："别吵！"然后他的人就无声无息地贴在牢门旁的墙壁上。

牢门缓缓往内推的。

牢门推的方向，刚好是西门吹雪靠墙的方向。

牢门推了一半，小老头就发出了"咦"的一声。

这表示他发现了牢里是黑黝黝的一片，跟着，就听到他仿佛喃喃自语地说道："来迟了，西门吹雪不在。"

"谁说我不在？"

随着西门吹雪的话，一股剑气，已经刺向了小老头。

小老头身体猛然向后飘去。

西门吹雪的剑，快速无伦地又刺向小老太婆。

小老太婆没有退后，却奇快无比地举起双掌。这双手掌，以天衣无缝的方法，一夹就夹住了西门吹雪的剑。

"是你？"西门吹雪发出了一声惊呼。

"不是我。"小老太婆回答了这样一句莫名其妙的话。

"是你。"西门吹雪又说。然后，他缓缓将剑自小老太婆手上抽回，嚓的一声，点亮了火折子。

灯光一亮，牛肉汤就皱起了眉头，看着小老太婆道："原来是你。"

"姑娘还记得我？"

"当然记得，司空摘星看到你，就跟看到鬼一样，谁忘得了你？"

"你认识她？"西门吹雪似乎话多了。

"见过她。"牛肉汤道。

"你知道她是谁吗？"

"她是谁？"

"你居然不知道？"

"我为什么会知道？你以为我是百晓生吗？"

"你不必是百晓生，也应该知道她是谁才对。"

"哦？她到底是谁？"

西门吹雪没说话，只是看着小老太婆。

小老太婆也没说话，只是看着牛肉汤。

牛肉汤的脸忽然红了起来，仿佛不是被一个老太婆看着，而是被一个多情少年盯着看的模样。

"你是……"

"不错。"小老太婆的声音忽然变得年轻了，"我是。"

03

不错,他就是陆小凤,独一无二的陆小凤。

陆小凤不是死了吗?

"死?陆小凤能死吗?"小老太婆笑得很开心。

牛肉汤一看到小老太婆的笑容,看到他那一双带着促狭之意的眼神,她就知道这个小老太婆果然是陆小凤。

看到陆小凤未死,牛肉汤应该高兴才对,但她却忽然瞪起一双大眼,怒道:"陆小凤为什么不能死?陆小凤死了最好。"

"陆小凤真的是死了最好吗?"站在小老太婆旁边的小老头道。

"你是谁?这关你什么事?"牛肉汤道。

"我?我不是谁,只不过没有我,陆小凤就真的只好死了。"

"为什么?"

"因为我就是化妆术天下第一的人。"

"你?你就是司空摘星?"

"不错。"

"那……"牛肉汤张大了嘴巴,"那在酒楼上那个司空摘星又是谁?"

"他?他就是死鬼陆小凤。"

"陆小凤不是他吗?"牛肉汤指着小老太婆道。她实在被搅迷糊了。

"他是活着的陆小凤。"

"那死鬼陆小凤活着时是什么人?"

"老实和尚!"

"老实和尚？"

"不错。其实他应该叫作不老实和尚才对。"

"为什么？"

"因为他应该躺在棺材里不动的，他却又要来找我，要我把他化妆成西门吹雪。化妆成西门吹雪他说不好玩，又化装成我，你说他是不是不老实得很？"司空摘星道。

"我们在棺材里看到的，是老实和尚？"

"如假包换的老实和尚。"

"棺材里的人，明明是个死人呀。"

"他当然是个死人，要不然，怎么能骗得了黄石镇这群匪徒？"

"他死了，为什么又会活起来呢？"

"因为他是武林中独一无二的老实和尚。"

"老实和尚就能复活吗？"

"当然。"

"为什么？"

"因为老实和尚会龟息功。"

"啊，我懂了。"

"你真懂吗？"

"当然，就是因为老实和尚懂龟息功，所以陆小凤就找你把老实和尚化装成他，然后让他去装死，对不对？"

"对极了，当时你在我旁边偷看了是不是？"

"去你的。"牛肉汤道，"不过，我有一件事不明白。"

"你不明白，我为什么要找老实和尚来装死是不是？"陆小凤道。

"是的。"

"黄石镇本来是个很不受人注意的小镇，我来到这里，就发现每个人都隐藏着他们自己的武功，我就知道内中一定大有问题。"

"你怎么知道他们隐藏着武功？"

"你别忘了，我是个小老太婆，我这双眼，看过了江湖上多少事故？你以为小老太婆是白活了这几十年吗？"

"是是是，失敬失敬，恕小女子不知老前辈还有这么一双厉害的眼睛。"牛肉汤忍不住咕咕地笑了起来。

陆小凤看了看西门吹雪，又道："所以我就去找司空摘星，要他带着他的化装材料跟我走。他倒是一言不发地跟着我去找老实和尚。"

"找到了老实和尚，我劈头就对他说：'和尚，把你的衣服统统脱下来。'你们知道老实和尚一听到我这句话，是什么反应？"

"他一定吃惊得不得了。"牛肉汤道。

"不对。他居然一声不响地把衣服脱得光光，然后他对我说：'色就是空，空就是色。想不到陆小凤也看破红尘，要穿和尚的衣服去出家。'你说气不气人？"

"不气人。"牛肉汤道。

"哦？为什么不气人？"

"因为你是要找他替你去死，他消遣你几句，有什么好气的？"

陆小凤忽然定定地看着牛肉汤。

"你看什么？"

"我忽然发现，你怎么变得这么善解人意起来。所以我想看看你到底是不是真的牛肉汤。"

"你说呢？"

"难说得很，尤其是司空摘星跟你在一起过。"

这时，很少讲话的西门吹雪居然开口了："我明白了。"

"你明白什么？"

"他们以为你死了，防备就放松了，你就可以暗中调查他们的阴谋。"

"你果然明白了。"

"那他们的阴谋是什么?"牛肉汤道。

"我现在就带你们去看他们的阴谋。"

04

沙大户的大厅上。

大厅的柱子上绑着一个人,一个披头散发,身上受了很多处伤的人。

这个人显然是曾经经过一番搏斗格杀之后,才被捕擒绑起来的。

这个人,就是南北一十三省号称第一的中原镖局总镖头百里长青。

大厅的气氛很低沉。

百里长青犹在喘气,瞪着一双怒目。

沙大户背负着双手,低着头踱方步。

宫素素、老板娘定定地坐在椅上,动也不动。

小叫花和赵瞎子则你看我我看你,一言不发。

低沉的气氛有压人喘不过气的感觉。

最先忍不住这种气氛的,是赵瞎子,他霍地站了起来,大声道:"金老大为什么要我们留下他做活口?"

沙大户转身看着赵瞎子,道:"金老大这样做,一定有他的道理。"

"不错,我有我的道理。"

金鹏从屋内走出来,他身穿一套镶着金边华丽至极的衣服。

金鹏的衣服明亮得炫人眼目,但脸色却阴沉得令人不欲看上一眼。他道:"你们知道我为什么要留下活口吗?"

他瞪着一双怒目看着百里长青。百里长青也瞪着一双怒目看他。

"我费了多少心血,安排了这个天衣无缝的计划。"金鹏的视线从百里长青脸上落向厅堂每个人的眼睛,道,"我们杀了多少人,才让你们顶替上黄石镇的人,但是,现在却功亏一篑,你们知道为什么吗?"

没有人回答,因为没有人知道为什么,他们甚至连金鹏说些什么,也不太明了。

于是,金鹏只好带着他们走出大厅,到达停放镖车的地方。

"打开。"金鹏发号施令。

镖车内的箱子打开了。

原本是黄澄澄耀眼生辉的金子,现在忽然间都不亮了。居然变成了一块块乌黑色的废铁。

所有人都傻住了。

"你们现在知道为什么了吗?"金鹏道,"因为黄金已经被调包了,变成了一箱箱的废铁。"

他们又回到大厅。

大厅的气氛更加低沉了,这回低沉得不但令人喘不过气,而且还让人的头也不敢抬起来。

所有人都低着头,注视着金鹏带进来放在桌上的乌黑废铁。

然后,所有人的目光才望着他们的老大金鹏。

"这表示我们之中有人泄露了这个秘密。"

"我们之中会有奸细?"沙大户道。

"谁?"老板娘道。

老板娘的双目如火般射向赵瞎子。

赵瞎子吓了一跳，也凝望着老板娘，然后，他忽然望向小叫花。

小叫花则望向宫素素。

宫素素望着杂货店的老板，老板望着老板娘。

他们每个人都在互望着。

气氛更凝重了。

金鹏从椅上站了起来，道："现在最重要的，倒不是找出谁是内奸。"

他边说，边走向百里长青，道："最重要的，是查出被调包的黄金在哪里。"

他忽然一把抓住百里长青的头发，道："你现在知道我为什么要留下你来做活口了吧。只要说出黄金的下落，我不但立刻放了你，也放了你的部下，也不追究谁是内奸的问题，而且还把黄金分你一份。"

百里长青抬起头，看着金鹏，忽然张嘴向着金鹏吐了一口带血的痰，怒声道："呸！"

"呸得好！"一个声音从门口传来。

全部人的眼睛都回转，落在说这话人的脸上。

没有人认得说这句话的人。

因为她是个小老太婆。

小老太婆又说话了："如果你认为真的有人会相信你说的话，那真是活见鬼了。"

"你是什么人？"金鹏怒道。

"我？我是个死人。"

"放肆！"

金鹏一个飞身，举掌攻向小老太婆。小老太婆轻飘飘地飞身躲过，道："你不问清楚我是谁就动手，万一吃了亏怎么办？"

金鹏没有理会这句话，运掌如风，招招都是杀着攻击着。

小老太婆只是微笑地闪躲，连一招也没还手。

旁边看的人都不敢相信眼前的事。

普天之下，能连续接下金鹏三十招而不还手的人，大概只有一个人。

——陆小凤。

陆小凤不是死了吗？

他们每个人的脑海中都装着这个问题，忽然间，小叫花的念头一转。转到了小老太婆进来时说的一句话。

——我是个死人。

小叫花的人忽然就颤抖了起来。

"你怎么啦？"赵瞎子道。

"他……他……他是陆小凤。"

赵瞎子他们都被这句话吓了一跳。

躲闪中的小老太婆忽然一个飞身，在空中连翻了七个筋斗，道："不错，我就是陆小凤。"

小老太婆的人落地，脸上的化妆已经在翻筋斗的时候除去了。

他一站在地上，就变成了道道地地的陆小凤了。

"你没死？"宫素素大惊道。

"我当然没死，陆小凤怎么能死？死了，你们的阴谋岂不得逞了吗？"

"那……"

"你们一定想知道死的是谁是不是？"

没有人回答，因为大家确是这么想。

"我告诉你们，没有人死。只有人假死。"

"假死？"

"假死的人是老实和尚。"陆小凤道，"我请司空摘星替他易容，把他扮成我的模样，然后在他的胸口上绑上一块铁片和一个血包……"

"你们记得那天黄昏围攻我的事吗？其实，你们围攻的是老实和尚，真的我早就在一旁观察你们。"

"我发现你，沙大户，使的是东洋神风刀法，我就知道，你们果然是一干杀人不眨眼的江洋大盗。"

"那天黄昏，老实和尚故意左闪右腾，最后一撞，把胸膛撞上宫萍的剑上。那个血包，就溅出了鲜血，和尚就马上运起龟息功倒地。"

"那时天色已经很暗，你们当然看不清楚，而且，你们也太相信宫萍那一剑了。"

"所以她才会死在西门吹雪的剑下。"沙大户道。

"她的死，是死于太过自信，而你们的失败，却是失败于人类的习惯性。"陆小凤道，"有谁，会在一个死人身上再补上一剑的？没有，所以，和尚装死就成功了。"

"你别得意，陆小凤，"老板娘道，"西门吹雪和牛肉汤现在都落在我们手上。"

"真的吗？"门口又传来了一个声音。

这声音，当然是牛肉汤得意之极的声音。

一向不大说话的西门吹雪，又开口说话了："如果我不故意中计被擒，金鹏的秘密能揭穿吗？"

没有人回答，因为每个人的脸色，都跟土一样难看极了。

"我有一件事还不明白。"金鹏说道。

"什么事？"陆小凤道。

"黄金是被你调包的吗？"

"是的。"

"凭你一个人,能把这么多黄金调包?"

"其实,我并没有真的把黄金调包。"

"我不懂。"

"很简单。"

陆小凤走到放着一块废铁的桌上,拿起那块废铁,他伸手掏出他的玉扇,用玉扇在铁上刮着。

乌黑的颜色逐渐被刮去,霍然露出黄澄澄闪闪生光的黄金。

所有人又愣住了。

"这些黄金,"陆小凤道,"只不过是涂上一层很特殊的颜色而已。"

"可是,凭你一个人,能做到吗?"

"当然不能。"门口又传出了说话的声音。

这次,老实和尚已经穿了他那身和尚装,司空摘星也穿上那一身随时都准备去摘星的劲装。

"没有我老实和尚的帮忙,陆小凤怎么可能涂得了那么多黄金?"

"你别把我司空摘星的功劳不提,没有我,你们两个人四只手是绝对涂不了那么多黄金的。"

没有人说话。事实上,谁又能说什么?奸谋已经揭穿了,还有什么话说?

唯一能说的,就是用生命用鲜血来表示愤怒了。

因此,金鹏蓦地拔出他的佩剑,攻向陆小凤。

沙大户和赵瞎子攻向西门吹雪。

老板娘攻向牛肉汤。

宫素素攻向司空摘星。

小叫花却攻向绑在柱上的百里长青。

这里面最有希望得手的,就是小叫花。

因为百里长青是个没有抵抗力的人。

但是,小叫花错了。

百里长青身上的绳索,忽然像纸碎般断裂,而他的拳,却在小叫花以为得手的时候,击中了他的胸膛。

小叫花倒下了。倒下去的时候,他听到百里长青说:"陆小凤在闪躲金鹏的攻击时,早就用内力把绑我的绳索弄断了。"

一场大战,很快就结束。

因为,普天之下,谁能敌得过陆小凤和西门吹雪?更何况是他们两人连手?更何况旁边还有司空摘星和老实和尚?

而且,邪,终归是胜不了正的。

清晨,有雾。

黄石镇的这一天清晨,居然没有风。

没有风刮起平日漫天飞舞的黄沙。

大概是连风也知道黄石镇的风波已经平息了吧。

太阳逐渐升起。

一丝丝的阳光,映得地上的黄金熠熠生辉。

百里长青得意地笑着,看着镖师搬运黄金装箱。

其中一个镖师抬头问百里长青:"是谁救了我们?"

"除了他,还有谁?"

"他?他是谁?"

"他就是我。"

所有的镖师都傻了,因为说这句话的,是三个人。

一个是小老头,一个是小老太婆,一个是陆小凤。

小老头除去化妆,原来他是司空摘星。

小老太婆原来是陆小凤。

陆小凤原来是老实和尚。

所有的镖师都笑了。

牛肉汤更是笑得咭咭乱响。

其中,笑得最洪亮的人,竟然是陆小凤。

因为,他听到了一个人的笑声,这个人,是从来不笑的。

这个人,当然是西门吹雪了。

《陆小凤传奇7:剑神一笑》完

读客文化将出版以下古龙经典作品

《小李飞刀：多情剑客无情剑》

《小李飞刀2：边城浪子》

《小李飞刀3：九月鹰飞》

《小李飞刀4：天涯·明月·刀》

《陆小凤传奇：金鹏王朝》

《陆小凤传奇2：绣花大盗》

《陆小凤传奇3：决战前后》

《陆小凤传奇4：银钩赌坊》

《陆小凤传奇5：幽灵山庄》

《陆小凤传奇6：凤舞九天》

《陆小凤传奇7：剑神一笑》

《楚留香新传：借尸还魂》

《楚留香新传2：蝙蝠传奇》

《楚留香新传3：桃花传奇》

《楚留香新传4：新月传奇·午夜兰花》

《七种武器：长生剑·孔雀翎》

《七种武器2：碧玉刀·多情环》

《七种武器3：离别钩·霸王枪》

《七种武器4：愤怒的小马·七杀手》

《萧十一郎》

《火并萧十一郎》

《绝代双骄》

《欢乐英雄》

《三少爷的剑》

《流星·蝴蝶·剑》

《武林外史》

《白玉老虎》

《圆月弯刀》

《大人物》

《绝不低头》

《碧血洗银枪》

《彩环曲》

《苍穹神剑》

《大地飞鹰》

《风铃中的刀声》

《护花铃》

《剑毒梅香》

《剑客行》

《猎鹰·赌局》

《名剑风流》

《飘香剑雨》

《七星龙王》

《失魂引》

《血鹦鹉》

《英雄无泪》

《游侠录》

《月异星邪》

激发个人成长

多年以来，千千万万有经验的读者，都会定期查看熊猫君家的最新书目，挑选满足自己成长需求的新书。

读客图书以"激发个人成长"为使命，在以下三个方面为您精选优质图书：

1、精神成长
熊猫君家精彩绝伦的小说文库和人文类图书，帮助你成为永远充满梦想、勇气和爱的人！

2、知识结构成长
熊猫君家的历史类、社科类图书，帮助你了解从宇宙诞生、文明演变直至今日世界之形成的方方面面。

3、工作技能成长
熊猫君家的经管类、家教类图书，指引你更好地工作、更有效率地生活，减少人生中的烦恼。

每一本读客图书都轻松好读，精彩绝伦，充满无穷阅读乐趣！

认准读客熊猫

读客所有图书,在书脊、腰封、封底和前后勒口都有"**读客熊猫**"标志。

两步帮你快速找到读客图书

1、找读客熊猫 2、找黑白格子

马上扫二维码,关注**"熊猫君"**

和千万读者一起成长吧!

图书在版编目（CIP）数据

陆小凤传奇. 7, 剑神一笑 / 古龙著. -- 上海：文汇出版社, 2018.8
（古龙文集）
ISBN 978-7-5496-2537-6

Ⅰ. ①陆… Ⅱ. ①古… Ⅲ. ①侠义小说－中国－当代 Ⅳ. ①I247.5

中国版本图书馆CIP数据核字（2018）第067466号

著作权合同登记号：09-2017-966

陆小凤传奇7：剑神一笑

作　　者	/	古　龙

责任编辑	/	徐曙蕾
特邀编辑	/	周奥扬　周量航　王心怡
封面装帧	/	文　薇

出版发行	/	文汇出版社
		上海市威海路755号
		（邮政编码 200041）
经　　销	/	全国新华书店
印刷装订	/	北京中科印刷有限公司
版　　次	/	2018年8月第1版
印　　次	/	2018年8月第1次印刷
开　　本	/	890mm×1270mm　1/32
字　　数	/	206千字
印　　张	/	8.5

ISBN 978-7-5496-2537-6
定　　价　／　52.00元

古龙著作管理发展委员会　侵权必究

装订质量问题，请致电010-87681002（免费更换，邮寄到付）